ALAIN GERBAULT

Seul, à travers l'Atlantique

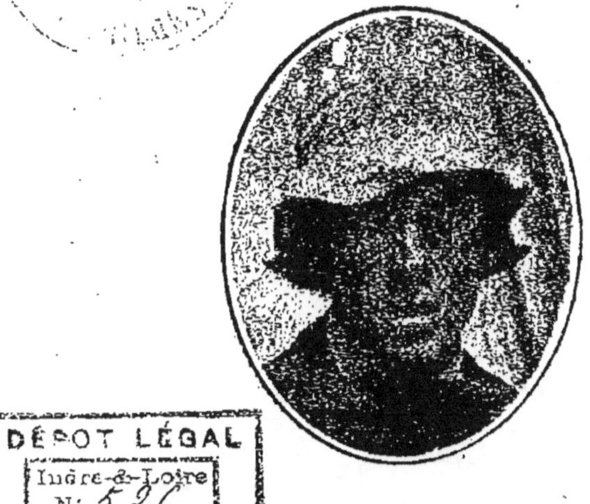

A PARIS

BERNARD GRASSET

MCMXXIV

SEUL

A TRAVERS L'ATLANTIQUE

ALAIN GERBAULT

SEUL
A TRAVERS
L'ATLANTIQUE

PARIS
BERNARD GRASSET, ÉDITEUR
61, RUE DES SAINTS-PÈRES, 61

MCMXXIV

A Pierre ALBARRAN, MON AMI ;

AU MARIN FRANÇAIS, MON FRÈRE.

CHAPITRE PREMIER

Qui est une Préface.

ANS une maison amie près de New-York, une soirée calme, si calme que je me demande si mon extraordinaire aventure des mois derniers est bien arrivée.

Par la fenêtre, j'aperçois le détroit de Long Island et le mât de mon petit *Firecrest*, à quelques centaines de

1.

mètres de là, le long de la jetée de Fort Totten.

Ce n'est pas un rêve. J'ai traversé seul l'Atlantique et je suis maintenant aux Etats-Unis. Il y a moins d'un mois, dans les tempêtes au milieu de vagues immenses, j'avais à lutter à chaque instant pour défendre ma vie contre les éléments.

J'ai là, sous la main, mon livre de bord que j'ai fidèlement tenu, même par les plus gros temps. J'en tourne les pages, où l'eau de mer n'a pas encore tout à fait séché, et mes yeux tombent sur ce passage de ma croisière :

« A bord du *Firecrest*, le 14 août, en mer par 34 degrés 45 minutes de latitude nord et 56 degrés 10 minutes de longitude ouest, fort vent d'ouest. Le bateau a été terriblement secoué toute la nuit, et des paquets de mer viennent s'y briser à chaque instant. A quatre heures du matin, l'écoute de foc casse et je dois faire une épissure. Le pont est complètement submergé. Bien que toutes les issues soient closes, tout est trempé à l'intérieur. Ce n'est pas une petite affaire que de préparer mon déjeuner, et il m'a fallu deux heures d'efforts acrobatiques avant d'avoir réussi à préparer une tasse de thé et quelques tranches de lard grillé, et cela non sans m'être maintes fois cogné la tête contre les panneaux.

« A neuf heures, la trinquette se déchire. Le bateau est tellement secoué à ce moment et le vent est si violent que je ne puis tenter de la réparer. Tous mes verres et toutes mes tasses sont en miettes.

« A midi, une vague monstrueuse

s'abat sur le pont et emporte le panneau de la soute aux voiles. Les vagues vont grossissant, la mer est maintenant énorme et le vent souffle en furie. Il vente si fort que mes voiles ne peuvent tenir. Un trou apparaît dans ma trinquette et ma grand'voile se déchire le long de la couture médiane, laissant apparaître une fente de trois mètres. Il faut que j'amène mes voiles pour les sauver. C'est très difficile par un tel vent, par une telle mer, sans m'exposer à tomber par-dessus bord !

« Sur le pont mouillé et glissant, je puis à peine me tenir, et il me faut une bonne heure pour accomplir ma tâche périlleuse. J'ai envie de hisser la voile de cape, mais le vent augmente encore. C'est maintenant une vraie tempête. Aucune voile ne supportera pareil temps. La vibration des haubans rend exactement la même note qu'un train rapide. Cela veut dire que le vent a acquis une vitesse de plus de soixante milles à l'heure.

C'est ou jamais l'occasion de me servir de mon ancre flottante, qui est un grand sac de toile conique dont l'ouverture est maintenue béante par un cerceau de fer. Attachant une extrémité d'une corde de quarante brasses à l'ancre marine et l'autre à la chaîne de mon ancre, je jette le sac à la mer, le reliant à une petite bouée en guise de flotteur. Le sac s'emplit sous l'eau, la corde se raidit et, très lentement, l'étrave de mon bateau se tourne face au vent.

« Le *Firecrest* maintenant roule moins fort, bien que je sois encore très secoué par la mer. Il me faut mettre de

vieilles toiles sur la soute aux voiles
pour empêcher l'eau d'y pénétrer. Je
suis à bout de forces, mais j'ai encore
beaucoup à faire. J'emporte dans ma
cabine mes voiles déchirées et, refer-
mant derrière moi toutes les issues,
je passe la soirée et la plus grande
partie de la nuit à les réparer avec
une paumelle et une aiguille.

« Maintenant, il pleut à torrents. Dans
le salon, l'eau est au niveau du plancher. Et je m'aperçois, à mon grand
dépit, que ma pompe ne marche pas.
Il pleut de plus en plus fort ; je suis
trempé jusqu'aux os ; il n'y a plus un
seul endroit sec à bord, et je n'arrive
pas à empêcher la pluie de pénétrer
en plusieurs endroits par les claires-
voies et la soute aux voiles. »

*
* *

Je ferme mon livre de bord. Ceci n'est qu'une journée ordinaire pendant le mois de tempêtes que j'eus à supporter vers le milieu du voyage.

Mais quelle merveilleuse existence !

Bien que je n'aie atterri que depuis quelques jours, j'aspire déjà à lever l'ancre et à reprendre le large et la vie de marin. Et, je me mets à rêver. Comment donc suis-je devenu marin? Comment ce goût de la mer m'est-il venu ?

J'ai passé la plus grande partie de ma jeunesse à Dinard, près du port de pêche qu'est Saint-Malo, le pays des fameux corsaires, gloire de notre marine, il y a deux cents ans. Lorsque mon père ne m'emmenait pas avec lui sur son yacht, je m'arrangeais toujours pour passer la journée sur la barque d'un pêcheur.

C'est à Saint-Malo que les rudes pêcheurs bretons équipent leurs bateaux pour les voyages périlleux aux bancs de Terre-Neuve, ou aux zones poissonneuses d'Islande.

Déjà mon ambition était de posséder une petite embarcation. Une fois, mon frère et moi avons économisé assez d'argent pour acheter un bateau dont un autre se rendit propriétaire avant nous.

J'enviais la vie des pêcheurs bretons et je frémissais au récit de leurs prouesses d'endurance et d'audace.

C'est là, à Saint-Malo et à Dinard, que j'appris à aimer la mer, les vagues et les vents tumultueux. Mes livres préférés étaient des livres d'aventures. Beaucoup d'entre eux racontaient la chasse à l'or, les aventures des mineurs de l'Alaska et du Klondike. Le mot El Dorado exerçait un grand charme sur moi. Je pensais parfois : « Lorsque je serai un homme, je découvrirai l'El Dorado. »

Etant enfant, Joseph Conrad mit un jour le doigt sur une carte de la partie inexplorée de l'Afrique centrale et dit : « Quand je serai grand, j'irai là-bas. » Il réalisa son rêve. Il alla là-bas. Moins heureux que Conrad, je ne réaliserai jamais mon rêve d'enfant ; je subirai bien plutôt le destin du héros d'Edgar Allan Poe.

« A gallant Knight — Had journeyed long — Singint a song — In search of El Dorado — But he grew old — This Knight so bold.

« As he found — No spot of ground — That looked like El Dorado. »

« Un vaillant chevalier — avait longtemps voyagé — chantant sa chanson — à la recherche de l'El Dorado. — Mais il devint vieux — le courageux chevalier ! Et il ne trouva — aucune trace d'un pays — qui ressemblât à El Dorado. »

Après mes heureuses années d'enfance à Dinard, on m'envoya à Paris pour mes études et je devins interne à Stanislas. C'est là que je passai les années les plus malheureuses de ma vie, enfermé entre de hauts murs, rêvant de vaste monde, de liberté et d'aventures. Mais il fallait étudier pour devenir ingénieur.

La guerre survint.

J'entrai dans l'aviation. Après avoir éprouvé l'ivresse de l'espace sur mon appareil de chasse, à travers les nuages, je savais que je ne pourrais jamais plus mener dans une cité une existence sédentaire. La guerre me fit sortir de la civilisation. Je n'aspirai plus à y retourner.

Un jeune Américain, camarade d'escadrille, me prêta un jour un livre de Jack London, la *Croisière du « Snark »*. Ce livre m'apprit qu'il était possible de parcourir le monde sur un bateau relativement petit. Ce fut pour moi une révélation et je décidai à l'instant que je tenterais l'aventure, si j'étais assez heureux pour survivre à la guerre.

Plus tard, j'associai deux camarades à mes projets. Nous devions armer un bateau à nous trois et faire route vers les îles du Pacifique.

Mais ces deux amis moururent bravement dans les airs!

Ce fut alors que je pris la décision de partir seul. Abandonnant ma carrière d'ingénieur, je cherchai, une année durant, dans tous les ports français, un bateau dont je pusse assurer la manœuvre sans aide. Il y a deux ans et demi, visitant sur son yacht mon ami Ralph Stock, auteur de la *Croisière du « Dream-Ship »*, je découvris à l'ancre, dans un port anglais, un petit bateau. C'était le *Firecrest*.

CHAPITRE II

« Firecrest ».

VANT de commen-
cer le récit de mon
voyage, je tiens à
vous présenter mon
Firecrest. C'est un
cotre dessiné par
feu Dixon Kemp et
construit par P. T. Harris, à Rowhedge,
Essex (Angleterre), en 1892. M. Kemp
serait certes bien étonné, s'il vivait
encore, d'apprendre que son bateau de
course, conçu sous les règlements de
longueur et surface de voilure du Yacht

Club britannique a traversé l'Atlantique et s'est révélé l'une des meilleures embarcations de tous les temps.

C'est un cutter anglais typique, étroit et profond si l'on considère sa longueur.

Il a onze mètres de long et neuf mètres à la flottaison. Son plus grand bau est deux mètres soixante. C'est probablement le bateau le plus étroit qui ait franchi l'Océan. Un mètre quatre-vingts de tirant d'eau est une profondeur exceptionnelle pour sa taille. Son tirant d'eau et les trois tonnes et demie de plomb qu'il porte dans sa quille ajoutées aux trois tonnes de lest intérieur, font qu'il lui est impossible de chavirer. Le pont n'a que deux claires-voies et deux panneaux et peut supporter la pression des vagues qui déferlent à bord.

Il est gréé en cotre, c'est-à-dire qu'il

n'a qu'un mât. Et j'entends la grande

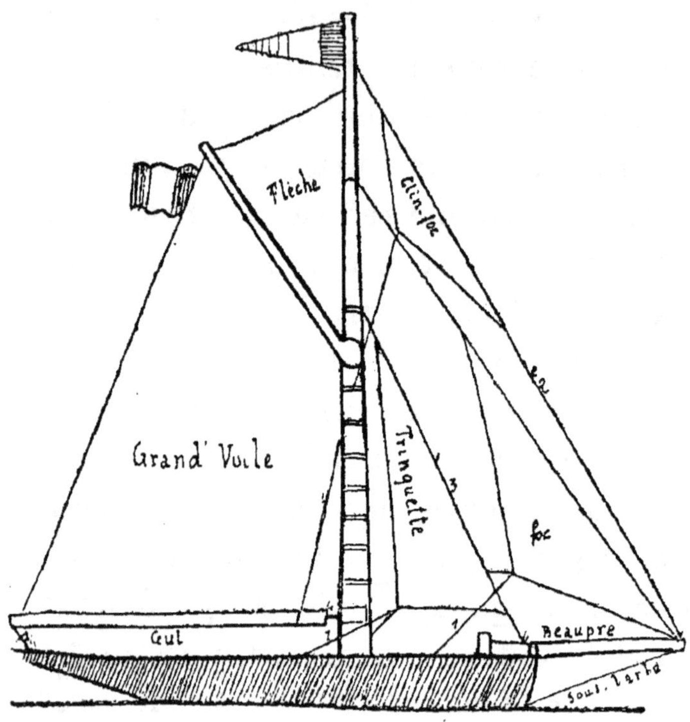

Le plan de voilure du *Firecrest* (dessiné par
Alain Gerbault).

1, Ecoute.   3, Bras d'étai.
2, Etai de flèche. 4, Point d'amure.

armée des yachtmen théoriques s'ex-
clamer : « Un cotre est trop difficile à

manier seul. Pourquoi pas un yawl ou un ketch ! » C'est affaire de goût. Personnellement j'aime mieux prendre des ris que changer mes voiles. J'estime que le cotre est le meilleur gréement, parce qu'avec une surface de voiles réduite au minimum il donne un maximum de vitesse.

Il n'y a pas assez de place sur le pont pour un vrai bateau de sauvetage. D'ailleurs, j'aime tellement mon bateau, que je crois que je ne me soucierais guère d'être sauvé s'il devait couler. Mais pour me conformer aux conventions et me permettre d'aller à terre quand je suis à l'ancre dans un port, je transporte le plus petit canot possible. Il a 1^m,80 de long, c'est un Berthon analogue à ceux que l'on emploie sur les sous-marins, une fois plié il ne tient aucune place le long des claires-voies.

COUPE VERTICALE

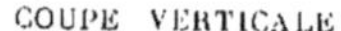

1, Boussole.
2, Livres.
3, Clairevoies.
4, Couchettes.
5, Lavabo.
6, Echelle.
7, Armoires.

8, Coffres.
9, Sofa.
10, Cuisine.
11, Cadre pliant
12, Coffres.
13, Placards.
14, Etrave.

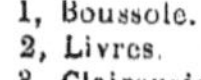
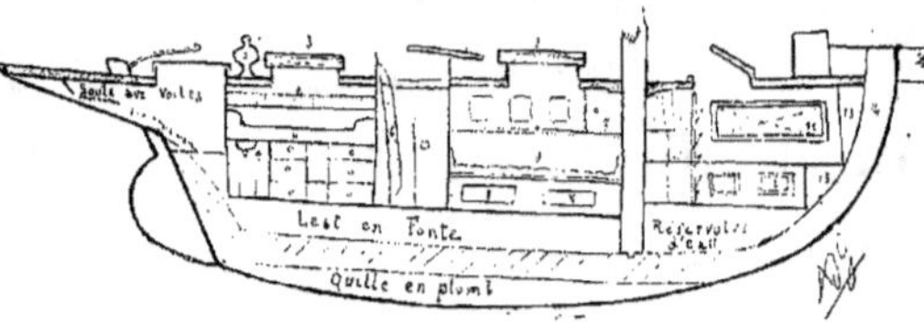

COUPE HORIZONTALE

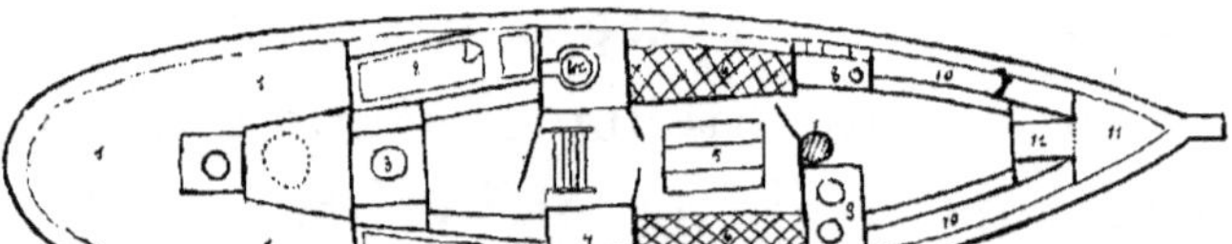

1, Soute aux voiles.
2, Couchettes.
3, Lavabo,

4, Placard.
5, Table.
6, Sofas,

7, Mât
8, Pompe.
9, Réchauds.

10, Coffres.
11, Placards.

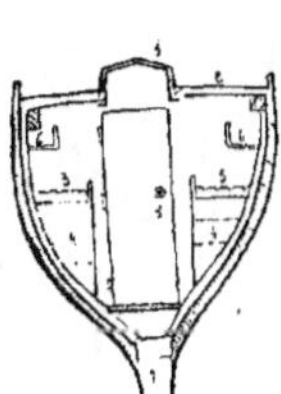
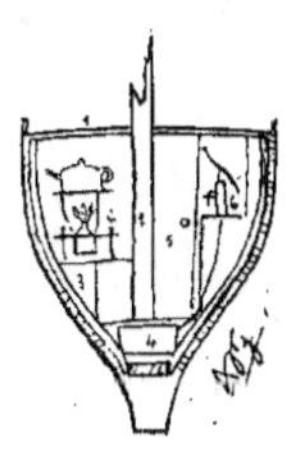

LE PONT DU FIRECREST

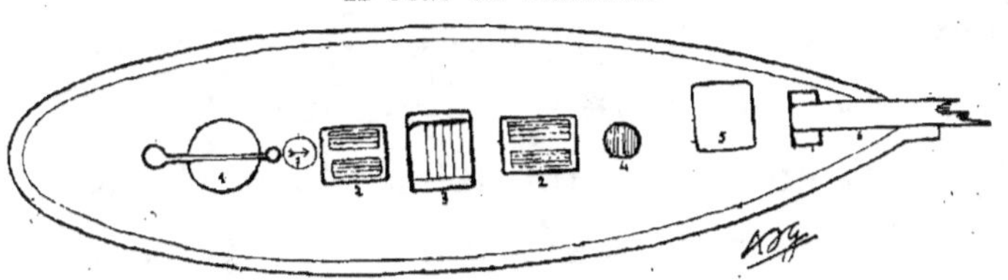

1, Soute aux voiles.	3, Descente.	5, Panneau du poste avant.
2, Clairevoies.	4, Mât.	6, Beaupré.

7, Boussole

Le *Firecrest* est solidement construit en chêne et en bois de teck. Bien qu'il ait trente-deux ans, il est en parfait état et je pourrais m'étendre sur sa résistance. Mais il vaut mieux s'abstenir et décrire l'intérieur de mon gîte flottant.

Il se compose de trois compartiments.

A l'arrière, ma cabine avec deux couchettes, sous lesquelles il y a deux coffres. Un lavabo reçoit l'eau d'un réservoir de 50 litres établi sous le pont. Les boiseries de la chambre sont en acajou et en érable moucheté. Des deux côtés, des casiers sont pleins de livres.

En avant de la cabine et au centre du bateau, un salon aux boiseries d'acajou et d'érable. De chaque côté, des placards renferment mes trophées de tennis. Au centre, une table pliante.

A l'avant, le poste d'équipage avec

deux couchettes pliantes et la cuisine.
C'est là que je prépare mes repas sur
un poêle à pétrole norvégien qui est suspendu à la cardan, afin de rester ver-
tical quand le bateau roule. De nombreux coffres sont remplis de provisions : biscuits de mer, riz, pommes de
terre. A bâbord, il y a une pompe com-
muniquant avec deux réservoirs d'eau
douce. Comme éclairage, j'ai une lampe
à pétrole et des bougies suspendues à
la cardan.

Mon bateau est ma seule résidence.
J'ai à bord tous les objets familiers que
j'aime, mes prix de tennis et mes
livres. Qu'importe s'il n'y a pas de
vent! Je ne suis pas pressé.

Je n'ai pas grand'place à bord, mais
je puis transporter quatre mètres de
littérature, ce qui signifie environ deux
cents volumes. Ma bibliothèque est

donc forcément limitée, c'est pourquoi mes livres sont tous des livres d'aventure ou de poèmes.

Parmi eux je citerai la *Vie de Jésus* de Renan, la plus belle aventure qui fut jamais au monde; les poèmes d'E. A. Poë, artiste incomparable, car il joint à la perfection du rythme la noblesse de la pensée.

Loti, Farrère, Conrad, Stevenson, Connoley, Jack London, Shakespeare et Kipling sont largement représentés ainsi que Verhaeren, Platon, Shelley, Villon, lord Tennyson et John Maesefield.

Lorsque je veux classer mes auteurs préférés, je pense toujours à la manière dont ils ont compris la mer. Le marin qui est en moi critique toujours l'écrivain, et seuls me plaisent entièrement ceux qui furent à la fois de grands marins et de grands poètes.

J'aime passionnément Jack London,
le grand maître du conte et de l'histoire
courte, qui eut une vie mouvementée et
belle et sut toujours écrire avec puis-
sance et simplicité. Bien qu'embarqué
tout jeune à bord d'un trois-mâts barque,
et malgré une croisière qu'il fit dans le
Pacifique à bord de son yacht *le Snark*,
Jack London ne fut jamais au fond de
l'âme un marin. Il fut cependant toute
sa vie un amoureux de l'aventure et du
grand air, et c'est pourquoi je l'aime
et l'admire.

Je me souviens qu'un jour, à la suite
d'une tempête, je jetai par-dessus bord
tous mes livres d'Oscar Wilde dont le
peu de sincérité ne pouvait plaire au
simple matelot que j'étais devenu. Je
ne conservai avec moi que la ballade
de *la Geôle* de Reading.

Stevenson était tout proche de London par son amour de la vie au grand air et de l'aventure. Lui aussi ne fut jamais un marin dans l'âme, et si l'on excepte son remarquable poème *Christmas at Sea* il ne décrivit jamais la vie et les souffrances des matelots.

Victor Hugo a souvent d'étonnantes descriptions. Celle de la tempête dans l'*Homme qui Rit* a produit sur moi une profonde impression. Cependant, presque tous les termes techniques sont faux. Le cyclone tourne dans le sens inverse de celui qu'exige la nature. Ainsi, certains tableaux de peintres sont admirables, bien qu'ils violent toutes les lois de la perspective.

Shakespeare et Kipling furent d'excellents peintres de la mer connaissant à fond tous les termes maritimes. Les erreurs techniques dans leurs œuvres sont fort peu nombreuses. Cependant Shakespeare fait partir les navires de ports de Bohême et Kipling commet une erreur similaire dans son fameux poème de la route vers Mandaley. Kipling est parfois un poète admirable ; par l'opposition et le contraste entre les vers il parvient à faire dire aux mots beaucoup plus qu'ils ne veulent dire. Parmi ses poèmes marins je préfère *The last chantey.*

Jones Connoley sut décrire merveilleusement la vie des pêcheurs de la côte, et ses nombreuses histoires de marins sont remarquables.

Pierre Loti est un de mes écrivains préférés. *Pêcheur d'Islande* et *Mon frère Yves* sont à la place d'honneur; et pourtant Pierre Loti considère souvent la mer en officier du haut de la passerelle d'un navire.

Herman Melville écrivit il y a près d'un siècle de remarquables livres sur la mer, et l'on commence seulement à le découvrir.

Conrad sut décrire en artiste les tempêtes et les typhons. Cependant, bien que j'aime beaucoup *Jeunesse*, il n'est pas un de mes auteurs préférés, car à mes yeux il présente tous les défauts des écrivains slaves. La psychologie de ses héros est beaucoup trop compliquée. Lui-même ne sut jamais écrire avec assez de simplicité pour me plaire tout à fait.

Dans une petite ville de Californie s'est retiré un ancien marin appelé Bill Adams. Il occupe les loisirs que lui laisse la culture de son verger à écrire des contes maritimes et des entretiens sur l'amitié que le divin Platon n'aurait pas désavoués. Malgré beaucoup d'imperfections littéraires, il est à mes yeux un des plus grands écrivains de la mer. Quelques-uns de ses contes sont de petits chefs-d'œuvre.

Enfin dans un rayon au-dessus de ma couchette, sont quelques livres de chevet. Ce sont tous mes livres favoris : des poèmes et des ballades. La ballade est en effet la forme poétique la plus propre à dépeindre la vie des marins. Et si François Villon avait été marin, il nous aurait donné les plus beaux poèmes de la mer.

Il y a là toutes les anciennes complaintes de matelots et les vieux chants de la marine en bois qui servaient à accompagner la manœuvre des voiles.

Il y a la ballade de l'ancien marinier de Samuel Taylor Coloridge qui n'a d'égale dans la langue anglaise, pour la beauté de la composition et la perfection du rythme, que le poème du *Corbeau*, d'Edgar Allan Poe.

Il y a enfin John Masefield, le poète que j'aime entre tous, avec ses poèmes et ballades d'eau salée parmi lesquelles je dois citer *Fièvre marine* et la complainte du *Cap Horn*. Ayant longtemps vécu à bord de voiliers, il sut mieux que tout autre décrire la mer et la vie des marins.

Et pourtant, bien des siècles avant, Antiphile de Byzance avait déjà écrit :

« *Oh ! avoir une natte au plus mauvais coin du bateau, entendre résonner sur ma tête les panneaux de cuir sous le choc des embruns !...*

. . . .

« *Donne ! Prends ! Jeux et bavardages de matelots.*

« *J'avais tout ce bonheur, moi qui suis de goûts simples.* »

CHAPITRE III

Le départ
et la traversée de la Méditerranée.

’ACHETAI donc le *Fi-recrest* ainsi que je l’ai dit plus haut dans un port anglais, et je conduisis mon bateau immédiatement au sud de la France, quittant l’Angleterre au moment où Shackleton partait pour son dernier voyage. Mon bateau supporta fort bien les tempêtes terribles du golfe de Gascogne. Dès lors, je ne pouvais concevoir une tempête capable d'arrêter le *Firecrest.*

Pendant plus d'une année, je fis de nombreuses croisières au sud de la France, ayant pour tout équipage un mousse anglais ; entre-temps, je jouais les tournois de tennis de la Côte d'Azur. Le tennis avait été, pendant longtemps, mon sport favori. Mais après avoir vécu à bord, et fait des croisières durant plus de deux ans, les choses de la terre prirent une importance secondaire à mes yeux. Je devins un marin et seulement un marin.

Ce fut pour mon plaisir et pour me prouver à moi-même que je pouvais le faire que j'entrepris mon voyage d'Amérique. Pendant plus d'un an, je m'entraînai physiquement, croisant par tous les temps, me préparant à manœuvrer seul les voiles. Ce n'est que lorsque je me sentis prêt et que je fus certain de pouvoir supporter la fatigue morale et physique, que je partis pour la grande aventure.

Enfin, le jour du départ arriva. Le joli port de Cannes était inondé de soleil; c'était le printemps. D'un côté la vieille ville et ses deux grandes tours carrées qui dominent le port. De l'autre, l'arrière amarré au quai, cinquante petits yachts aux voiles blanches.

A côté de mon *Firecrest*, se trouve *Perlette*, un petit bateau de 7 mètres de long appartenant à deux jeunes filles qui en constituent tout l'équipage. Leur audace est très admirée de tous les pêcheurs et les flâneurs le long du quai s'attardent à les contempler, grimpant pieds nus dans la mâture.

Un peu plus loin, le *Lavengro*, un

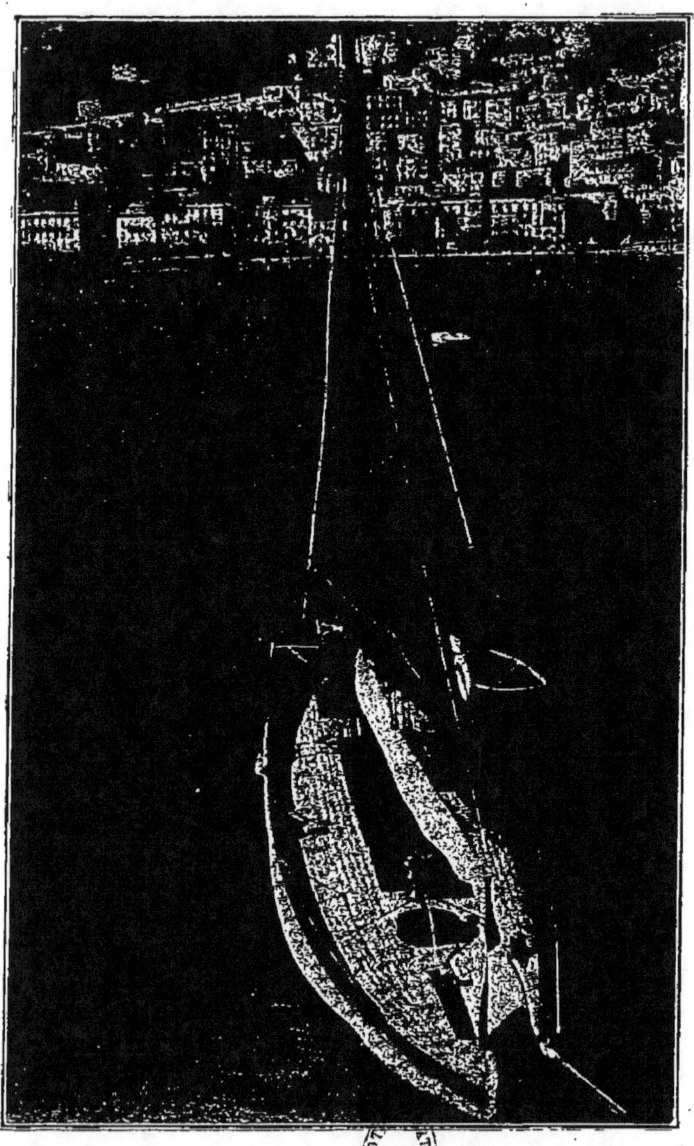

ketch de 120 tonneaux, se prépare à faire voile pour Gibraltar. C'est également ma première étape. J'ai bien peu de chances de battre un bateau dix fois plus grand que le mien et dont l'équipage compte sept hommes, mais je ne veux pas être battu au départ. Je réussis à lever l'ancre le premier et à prendre le vent toutes toiles dehors; Le vent s'élève et il me faut amener la flèche avant de passer entre les môles c'est de là que je fis mes derniers signes d'adieu aux deux petites « matelotes » françaises et à l'équipage du yacht breton *Eblis* qui agitaient leurs mouchoirs sur le quai.

Hors du port, il vente encore plus fort ; il me faut changer de foc et prendre un ris dans ma grande voile et cela rapidement, car j'aperçois maintenant le *Lavengro* qui quitte le port et me donne la chasse. Nous tirons des bordées contre un fort vent debout, et, quoique moins vite, je peux serrer le vent de plus près.

Nous nous élançons vers le large. Une fois sortis de la baie abritée, les vagues et le vent augmentent. Le *Firecrest* donne une forte bande, l'écume jaillit sur le pont et je suis trempé par les embruns, mais j'ai le cœur en joie, et comme l'étrave du *Firecrest* fend les flots, je chante le refrain d'une complainte de pêcheurs bretons :

La bonne sainte lui a répondu : il vente.
C'est le vent de la mer qui nous tourmente.

Le baromètre baisse et la terre disparaît derrière l'horizon. A 4 h. 30, je coupe le *Lavengro* au plus près sur l'autre amure, quand un fort grain arrive. En hâte, j'amène la grand'voile et le foc et j'aperçois le *Lavengro* fuyant devant la tempête dans une direction opposée.

Je suis très fatigué des efforts de la journée et décide de mettre à la cape. Réduisant la voilure et attachant la barre de manière que mon navire revienne de lui-même dans le vent, je descends prendre un repos bien gagné.

Voici quelques extraits de mon journal de bord :

« 26 *avril*. — Deux heures, le vent hale nord-ouest et je reprends ma route, fuyant devant la tempête sous une fortune carrée. Je fais, à ce moment, la meilleure vitesse de mon passage. Mon loch enregistre 30 milles en trois heures. Le baromètre baisse. Le vent augmente ; à 18 heures, il devient dangereux de fuir plus longtemps devant l'orage. Le *Firecrest* va presque à la vitesse des vagues, et quand une vague brise à bord, l'eau reste longtemps sur le pont avant de s'écouler.

« Je dois amener la fortune carrée, opération difficile dans une mer démontée. Mon bateau est ballotté dans le creux des vagues. La fortune a été faite en toile trop lourde, et la manœuvre est si difficile que je décide de ne plus jamais utiliser cette voile. Fatigué par seize heures consécutives à la barre, je mets mon navire à la cape.

« 27 avril. — Tempête continue, vagues brisent à bord toute la nuit. Baromètre baisse encore. A 6 heures, je découvre que la ferrure du rouleau du gui est brisée. Je ne suis pas surpris, car cette ferrure a été faite plus petite que je ne l'avais demandée.

« 28 *avril*. — Quatre heures, reprends ma course; vers midi le vent tombe; répare une balancine cassée.

« Seize heures quarante, fort coup de mistral m'oblige d'amener ma grand'-voile. En quelques minutes, une véritable tempête souffle, et la mer est démontée. Mets à la cape et dors jusqu'à 7 heures le lendemain matin. Effroyablement secoué toute la nuit, vagues déferlent à bord tous les quarts d'heure.

« 29 *avril*. — Mer démontée; tempête nord-est halant ouest vers le soir; très fatigué; essaie dans l'après-midi de reprendre ma route, mais dans une mer aussi heurtée, je ne fais qu'un chemin très faible contre le vent. Drisse de foc casse et le foc tombe à la mer. Après quelques acrobaties sur le beaupré, j'arrive à le ramener à bord.

« 30 *avril*. — Fin de la tempête. »

Le baromètre remonte et pendant les vingt jours qui suivront, la brise sera très faible.

Le 1er mai, sixième jour de mon départ de Cannes, je devais, d'après mes observations, me trouver à proximité de la terre. Quoique ce fût loin d'être ma première expérience, j'étais très intéressé. Après quelques jours entre le ciel et l'eau, un atterrissage est toujours passionnant. Il semble miraculeux que la vue de la terre vienne confirmer les calculs et que la terre soit exactement où elle doit se trouver.

Montant au haut de la mâture, j'aperçus vers midi un petit cône, puis plusieurs autres sortir de l'eau exactement où ils devaient apparaître. C'était la terre. Ma navigation était correcte. Je me sentis fier, bien que le travail du navigateur ne soit rien sur un petit navire, en comparaison du travail du matelot. Un profane aurait pu croire

que ces cônes étaient autant d'îles différentes, mais je savais que c'étaient des
pics d'environ mille mètres de hauteur
dont les bases se rejoignaient sous l'horizon. Là, à quarante milles de distance,
était Minorque, la deuxième des îles
Baléares.

Le jour suivant d'autres pics appa-
rurent directement en avant, et, vers
le soir, l'île entière de Majorque sortit
de la mer.

Le vent devint une brise très légère,
et le lendemain je pus distinguer les
toits et les maisons. Pendant quelques
jours, je glissai le long de la rive nord
de Majorque. Je me souviendrai toujours de la merveilleuse vision que j'eus
un jour d'un petit estuaire entre des
pics de deux mille mètres recouverts
de neige. Me rapprochant de la terre,
je découvris soudain le vieux village

de Port Soler au flanc d'une montagne surplombant la rivière, et me trouvai au milieu d'une flottille de petits bateaux de pêche qui sortaient de l'estuaire.

Les pêcheurs me faisaient de grands signes et se préparaient à accueillir le petit yacht français, mais soudain je virai de bord, reprenant le large, emportant avec moi la merveilleuse vision de ces vieilles maisons au flanc de cette montagne aride. Les villages, les villes ne sont rien de plus à nous, marins, que n'est à l'ordinaire passant une maison entrevue au détour d'un chemin. Nous passons et emportons avec nous le souvenir.

De nombreux jours de calme suivirent; je glissais lentement devant les îles de Beauté: Dragonera, Iviza, Formentera, heureux de la brise légère qui me permettait de contempler plus longuement leurs merveilles. Si faible était le vent que je ne faisais pas plus de 15 milles par jour.

Enfin, le 15 mai, je vis, sortant de la brume, un roc monstrueux coupé de lignes géométriques. C'était la face est de Gibraltar, qu'on ne peut contempler de la mer sans un sentiment de stupeur, tant le travail de l'homme a modifié la nature.

Vers midi, je doublai la pointe d'Europe et entrai dans le port comme une bourrasque du Levant arrivait. Je jetai l'ancre près de la splendide goélette à trois mâts *l'Atlantic* appartenant actuellement à Vanderbilt et gagnante en 1911 d'une course fameuse à travers l'Atlantique. J'avais traversé la Méditerranée et terminé la première partie de ma croisière.

Presque aussitôt, la police, la santé
et les autorités navales arrivèrent
à bord. Chacun semblait étonné de
voir que j'étais seul et venais de
France.

Je fus surpris de ne compter que très
peu de bateaux de guerre pour repré-
senter en ce lieu la gloire de l'Angleterre sur mer ; seulement deux destroyers
et un vaisseau-dépôt portant le nom
une fois célèbre de *Cormorant*. Comme
j'aurais aimé vivre au temps de Nelson,
quand les bateaux de guerre étaient de
belles frégates aux voiles blanches, et
les marins de vrais gabiers !

Maintenant, le marin est plus ou
moins un mécanicien conduisant un train
sur l'eau. Les voiliers de commerce
font graduellement place aux vapeurs.
Seuls, quelques amoureux de la mer
continuent la tradition de manier les

voiles et les cordages sur les grands océans.

Pendant les quinze jours que je passai à Gibraltar, je travaillai dur, préparant ma longue traversée. Les autorités britanniques furent fort obligeantes et me donnèrent la permission d'utiliser les ouvriers de l'arsenal.

Enfin, tout fut prêt, j'étais « paré ». Avant d'appareiller, j'envoyai à quelques amis la carte postale suivante :

300 litres d'eau ;

40 kilos de bœuf salé ;

30 kilos de biscuit de mer ;

15 kilos de beurre ;

24 pots de confiture ;

30 kilos de pommes de terre ;

avec une petite flèche pointée vers un but mystérieux et cette vague indication : 4.500 milles.

Je désirais qu'en cas d'insuccès ma

tentative demeurât ignorée, et si
quelques amis savaient que j'étais parti
pour une longue croisière, deux intimes
seuls connaissaient mon projet de tenter la traversée de l'Atlantique sans
escale.

CHAPITRE IV

L'Atlantique.

E fut le 6 juin à midi que je levai l'ancre. La grande aventure commençait seulement.

Avant de quitter la France, j'avais fait l'acquisition de cartes qui montrent la direction et l'intensité des vents dans l'Atlantique nord.

Un bateau faisant route sud-ouest à la sortie du détroit de Gibraltar doit rencontrer les alizés du nord-ouest et descendre sous les tropiques. Ensuite il fera route vers l'ouest et attendra d'être au sud des îles Bermudes avant de remonter vers New-York.

La ligne droite n'est pas sur un voilier le plus court chemin d'un point à un autre. Un navire allant de New-York à Gibraltar rencontre des vents d'ouest et n'aura guère à couvrir plus de 3.000 milles marins; au contraire, de Gibraltar à New-York un voilier aura à parcourir au moins 4.500 milles.

Deux Américains, Slocum et Blackburn, traversèrent l'Atlantique d'Amérique en Europe à des époques différentes, seuls, sur des petits bateaux, en s'arrêtant aux Açores. Leur plus long passage sans escale fut de 2.000 milles.

Jamais personne n'avait tenté seul la traversée de l'Atlantique nord de l'est à l'ouest.

Slocum avait accompli un exploit jamais égalé en restant seul soixante-douze jours en mer dans le Pacifique.

J'ai toujours eu pour ce grand navigateur la plus profonde admiration. Je savais que ma traversée durerait probablement plus qu'aucune des siennes et cependant je partais joyeux à la pensée des difficultés à surmonter.

A bord d'un voilier on ne sait jamais quand on arrivera, et c'est pourquoi je partis avec plus de quatre mois de vivres; les vents ne me furent guère favorables et j'eus bien souvent à me louer de ma prévoyance.

Je quittai donc Gibraltar le 6 juin à midi. Il faisait très beau. Laissant derrière moi le port, et poussé par une brise légère, j'étais étendu sur le pont, rêvant des jours qui allaient venir.

J'avais une confiance absolue dans

mon vaillant navire et ma navigation. J'envisageais avec joie mon passage dans les vents alizés où je trouverais un soleil ardent et les poissons volants des mers tropicales. Je jetai mes derniers regards à la terre, au roc de Gibraltar étincelant de soleil.

La brise augmentait lorsque, sortant de la baie d'Algésiras, je mis le cap sur la sortie du détroit.

Les poissons étaient si nombreux autour de moi que l'eau semblait bouillonner. Des marsouins jouaient autour de mon bateau et les albatros plongeaient. C'était le moment d'essayer le winchester automatique qu'un ami m'avait offert à Gibraltar et bientôt un marsouin coulait, laissant une trace rouge dans l'eau. J'aurais été heureux de pêcher à la traîne, mais j'allais trop vite.

Vers le soir, la brise augmenta, et vers 10 heures c'était une véritable tempête. Le vent hala subitement sud-ouest, et mon grand foc se déchira en lambeaux. Puis vint une pluie torrentielle. Etant fatigué par mes préparatifs de départ, je mis à la cape et décidai de prendre une bonne nuit de repos. Le vent soufflait furieux, mais le *Firecrest* se conduisait merveilleusement, la barre attachée, dans les eaux si heurtées du détroit, pendant qu'en bas, dans ma cabine, je dormais confiant dans mon navire.

Le lendemain, le vent était toujours sud-ouest. Pendant tout le jour une pluie torrentielle tomba et je continuai à tenir la cape sous une voilure réduite.

J'avais fait réparer le rouleau de mon gui à Gibraltar, mais après quelques jours de mauvais temps, je ne fus pas

4

surpris de constater que la plupart des dents du rouleau étaient brisées. Cet appareil destiné à réduire la surface de ma grande voile m'avait été livré à Cannes quelques jours avant mon départ. La roue avait quatre centimètres de diamètre de moins que je ne l'avais prescrit et le métal n'était pas l'alliage voulu de bronze et de manganèse. Ce défaut de construction, dû à la mauvaise foi du fabricant, rendit mon voyage plus pénible, et m'obligea à amener complètement la grand'voile chaque fois qu'un grain m'obligeait à réduire la voilure.

Ma grand'voile commence à se découdre et je dois l'amener pour la réparer avant qu'elle ne se déchire dans toute sa largeur. Le jour suivant était beau et je hissai ma grand'voile réparée et toutes mes voiles de beau temps. A midi, une observation me donna ma position comme 50 milles ouest de Gibraltar.

A 14 heures, ce jour, le cap Spartel, promontoire avancé de la côte africaine, disparut derrière l'horizon. J'étais maintenant seul entre le ciel et l'eau.

J'eus bientôt la satisfaction de rencontrer les vents alizés, qui furent une légère brise d'est le premier jour, et soufflèrent ensuite très frais du nord-est. Depuis le départ, j'attendais avec impatience l'apparition des premiers poissons volants. Aussi, je fus joyeux quand, le 10 juin, un petit poisson éblouissant de lumière sortit de l'eau et vola une centaine de mètres en avant de mon bateau avant de disparaître.

Vent arrière et portant toute sa voilure, mon bateau ne pouvait rester de lui-même sur sa course. En ceci, j'étais moins heureux que le capitaine Slocum, qui put faire de longs parcours vent arrière à bord du *Spray* sans toucher à la barre.

C'est pourquoi, pendant ces premiers jours de vents alizés, après avoir tenu la barre pendant douze heures, je mis mon navire à la cape pour pouvoir prendre du repos.

Dans la marine, les quarts sont de quatre heures. Tenir la barre pendant douze heures de suite est très dur, surtout vent arrière, car il faut une attention soutenue pour éviter l'empannage, aventure désagréable qui arrive quand le bateau reçoit tout à coup le vent de l'autre bord; la grand'voile change de bord si brusquement que le poids du gui entre les haubans entraîne souvent la perte du mât.

Voici quelle était la routine de ma vie dans ces premiers jours de vents alizés. Le matin, à 5 heures, je sautais de ma couchette pour cuire mon déjeuner qui comportait invariablement du porridge, du lard, du biscuit de mer, du beurre salé, du thé et du lait stérilisé.

Je découvris bien vite que j'avais été volé par certains fournisseurs de Gibraltar qui m'avaient vendu un baril de bœuf salé dont la partie supérieure contenait d'excellents morceaux, mais dont le reste n'était qu'os et graisse. De même, j'avais commandé une marque connue de thé, et le thé qu'on me livra était un mélange de très pauvre qualité.

Ceci, d'ailleurs, fut une bonne leçon pour moi; à l'avenir je ne me fierai plus qu'à moi-même et inspecterai minutieusement toute la nourriture que j'embarquerai à bord.

Je faisais la cuisine sur un réchaud Primus à pétrole dans le poste d'équipage. Ce réchaud est suspendu à la cardan, de manière que les casseroles restent horizontales quelle que soit la position du bateau. En pratique, le gîte du navire était souvent si grand que la poêle à frire tombait du réchaud, inondant mes jambes nues d'huile bouillante.

Il était, dans une tempête, souvent très difficile de faire la cuisine. Il y avait loin de la coupe aux lèvres, et le bœuf salé couvrait maintes fois le plancher, et dans un bateau si étroit, qu'un gros marin ne pourrait s'y retourner qu'avec peine, il est difficile de se mouvoir sans entrer parfois fort brutalement en contact avec les parois du navire.

A 6 heures, j'allais sur le pont, déroulais le tour de ma grand'voile, abandonnais la cape et reprenais ma course vent arrière.

Pendant douze heures consécutives, je tenais la barre et, dans les vents alizés, je couvrais de 50 à 90 milles marins par jour. Cette moyenne est excellente pour un yacht de 8 tonneaux. Avec un équipage de deux hommes et des vents plus favorables, j'aurais certainement fait plus de 100 milles de moyenne par vingt-quatre heures.

Pendant ces douze heures de barre, dans les vents très frais, je devais exercer une attention soutenue. Il ne m'était pas possible de lire, et cependant, je ne m'ennuyais jamais. J'admirais la beauté de la mer et des vagues, la tenue de mon navire, et disais tout haut les œuvres de mes poètes préférés : Alan Cunningham, Kipling, John Masefield, Shelley, Verhaeren, Edgar Poe.

Quand venait la nuit, j'étais mort de fatigue. Je réduisais la surface de voilure de la grand'voile, mettant mon navire à la cape, attachant la barre. Je préparais mon deuxième repas de la journée, qui consistait habituellement en bœuf salé et en pommes de terre bouillies dans l'eau de mer, dont elles prenaient une délicieuse saveur. L'air marin me donnait un appétit féroce et naturellement, je ne pouvais me plaindre de mon cuisinier.

Enfin, je tombais épuisé dans ma couchette et dormais durement bercé par les vagues.

Quelques extraits de mon journal donneront une bonne idée de ma vie à bord dans ces premiers jours de vents alizés.

« *Lundi* 11 *juin.* — Vent très frais nord-est, nuageux, forte mer. Douze heures 30, prends un ris dans trinquette, enroule deux tours de grand'voile, remplace le deuxième foc par le foc de cape. A 12 heures, distance enregistrée au loch en vingt-quatre heures, dont douze heures à la cape : 90 milles. Fraîche brise devient une tempête environ 10 Beaufort. Dix-neuf heures trente, à la cape.

« *Mardi* 12 *juin*. — Sept heures, cap sud-ouest, vent grand frais, nord, distance enregistrée au loch à midi, 75 milles un quart, tempête à midi, mer démontée, à la cape à 13 heures.

« *Mercredi* 13 *juin*. — A la cape toute la nuit, 6 heures du matin W. S. W. vent grand frais N. W.; dans l'après-midi, croise vapeur qui roule fortement.

« *Jeudi* 14 *juin*. — Vent nord plus modéré, distance au loch à midi 54 milles. Latitude par observation : 34° 21'.

« *Vendredi 15 juin.* — Vent frais, ciel bleu, loch à midi, 68 milles. A 13 heures la sous-barbe se brise. La sous-barbe est une manœuvre dormante qui, partant de l'extrémité du beaupré, vient se raidir sur l'étrave et sert à contretenir le beaupré contre les efforts de bas en haut qui lui sont transmis par les étais.

« Pour la réparer, je dois me rendre à l'extrémité du beaupré, difficile manœuvre dans une forte mer. Les risques d'être enlevé par une lame sont grands.

« J'avais à travailler avec mes mains, me cramponnant avec les jambes. De temps en temps, le *Firecrest* tanguait et je disparaissais entièrement dans l'eau, mais la mer était chaude et ce bain forcé nullement désagréable.

« Je me souviens d'avoir lu que le yacht d'un célèbre navigateur solitaire

fut trouvé après une tempête à la dérive sans personne à bord. Le livre de
bord portait cette inscription: « Je dois
me rendre à l'extrémité du beaupré.
Reviendrai-je? »

« *Samedi 16 juin*. — Vent très frais,
loch enregistre à 12 heures : 72 milles.
Quatorze heures, la bordure de la
grand'voile se déchire et je dois l'amener et hisser la voile de cape.

« *17 juin*. — Vent très frais nord, cap
sud-ouest; à 12 heures le vent souffle
en tempête puis se calme subitement
vers dix-sept heures. D'après mes observations, je suis à environ six cent
vingt milles de Gibraltar et quarante
milles au sud-ouest de Madère, que je
ne peux apercevoir.

« La mer devient calme et le ciel se
dégage. J'en profite pour faire sécher
mes vêtements et ma literie. »

Le lendemain, par une mer d'huile et calme plat, je suis occupé toute la journée à réparer mes voiles. Après quelques jours de fort temps, il y a toujours beaucoup de travail à bord. C'est un cordage à épisser, une manœuvre à changer. Le travail du matelot est beaucoup plus important que celui du navigateur. Sans connaître la navigation, j'aurais pu très bien traverser l'Atlantique. Si j'avais été un marin inexpérimenté, incapable de réparer mes voiles et mes cordages, je n'aurais pu atteindre d'autre port que celui des navires perdus; et toutes mes connaissances astronomiques n'auraient pu me servir à rien.

CHAPITRE V

Découvertes alarmantes.

ANS cette première période de vents alizés, j'avais fait d'assez bonnes moyennes, mais le 18 juin la brise devint légère et le vent variable. Je rencontrai une forte proportion de vents du sud-ouest, ce qui est tout à fait exceptionnel pour cette région de l'Atlantique et cette période de l'année.

En fait, ma carte des vents montre

que mille observations ont été prises dans cette région en juin et juillet et pas une fois un vent du sud-ouest n'a été constaté. Or, j'eus plus de huit jours de vent debout.

Un autre fait étrange était la complète absence de toute vie. Ni marsouins, ni dauphins, ni poissons volants. Autour de moi, de l'eau, rien que de l'eau, et le *Firecrest*. Je suis seul, absolument seul. Les récits de croisière qui sont dans ma bibliothèque de bord mentionnent tous un grand nombre de poissons volants au nord de Madère. J'attends avec impatience ces curieux échantillons de la faune marine dont la chair est si vantée. Je suis bien au sud de Madère et, depuis le lendemain de mon départ de Gibraltar, je n'ai pas aperçu un seul poisson volant.

Pendant cette période de vents légers, je fis des expériences, cherchant un équilibre pour que le *Firecrest* puisse rester de lui-même sur sa course vent arrière.

En réduisant la surface de ma voilure et en utilisant, au lieu de ma grand'-voile, la voile de cape, qui est une voile triangulaire, sans corne et sans gui, je découvris que mon navire pouvait rester sur sa course de lui-même, vent grand largue. Naturellement, sous cette voilure réduite, la vitesse était moindre mais je n'avais plus besoin de rester constamment à la barre et pouvais employer tout mon temps à réparer les voiles ou faire la cuisine, et la distance couverte en vingt-quatre heures se trouvait à peu près la même. En fait, les jours de beau temps, j'avais même des heures libres pour relire longuement tous mes auteurs favoris.

Ce fut dorénavant une vie moins dure, et si j'avais eu plus de chance avec les vents, j'aurais pu faire la traversée entière dans ma cabine, le *Firecrest* se gouvernant de lui-même, comme fit une fois le *Spray* du capitaine Slocum, qui resta près de quarante-deux jours de suite sans sortir de sa cabine.

Je pris bien vite l'habitude de dormir d'un sommeil très léger. Allongé sur ma couchette, la tête contre les parois du bateau, l'eau à quelques centimètres de mes oreilles, je pouvais apprécier la vitesse du navire par le bruit de l'eau contre ses flancs.

Par le mouvement du navire, la proportion de tangage ou de roulis, je savais immédiatement que le *Firecrest* avait changé sa position par rapport au vent, et je venais sur le pont modifier l'angle de la barre du gouvernail.

22 *juin*. — Bonne brise N. cap. W. S. W., froid et nuageux. Suis sur les grandes profondeurs et la Fosse de Monaco plus de 6.000 mètres. A midi, au loch, 80 milles et demi. Position par calcul d'heure et ex-méridien. Latitude 30° 41' N., longitude 21°3' W., calme toute la journée et la nuit. M'occupe tout l'après-midi à trouver les solutions des problèmes d'échecs du journal anglais *le Field*.

23 *juin*. — Légère brise nord. Cap sud-sud-ouest, *Firecrest* se gouverne lui-même depuis quatre jours. Voile de cape se déchire, hisse grand'voile et en gouvernant avec le pied passe tout l'après-midi à réparer l'avarie. Mes voiles s'usent si rapidement que je me demande si j'aurai assez de fil,

5

d'aiguilles et de toile pour les réparer. Mais qu'importe!... J'utiliserai mes couvertures et je souris malgré moi en pensant à la stupéfaction des New-Yorkais s'ils voyaient entrer dans leur port un petit yacht français ayant, en place de voiles, des couvertures de toutes les couleurs. Au loch, à midi, 37 milles un quart.

24 juin. — Nuit très calme, légère brise du nord-ouest, monté en haut du mât pour changer la poulie d'une balancine. Très occupé, ce dimanche, par des travaux de propreté et le nettoyage du bateau ; essayai les pompes, et constatai que le *Firecrest* n'avait pas fait d'eau depuis mon départ. Me rasai avec de la crème sans employer d'eau ni de savon. C'était le premier jour depuis Gibraltar, et je passai un dimanche fort agréable, travaillant sans vêtement sur le pont, me baignant dans le chaud soleil de juin.

25 juin. — Légère brise du nord, route W.-S.-W. J'aperçois de nombreuses méduses tricolores que les Anglais appellent *portugese men of war.* Ce sont des masses gélatineuses qui portent à leur partie supérieure un écran en guise de voiles.

Je suis maintenant à dix-neuf jours de Gibraltar et j'ai couvert plus du quart de la distance vers New-York.

26 juin. — Légère brise nord-est; utilise ma trinquette-ballon comme un spinnaker et barre toute la journée. Le soleil est presque au zénith, à midi, et vers le soir je souffre d'un violent mal de tête, commencement d'insolation. Au loch, à midi, 62 milles.

27 juin. — Légère brise N.-E., je répare deux trinquettes déchirées. Calme presque plat tout l'après-midi. Le *Firecrest* fait à peine un nœud, mais je ne m'en soucie guère. La vie est belle, allongé sur le pont, sous le soleil des tropiques.

28 juin. — Légère brise E. Je remarque, pour la première fois, trois gros poissons dans le sillage du navire. Ce sont des daurades (*coryphoenae hippuris* des naturalistes) que les Portugais appellent dorado et les pêcheurs anglais improprement dolphins. J'admire leurs couleurs éblouissantes, qui changent du bleu électrique au vert.

1er, 2 *et* 3 *juillet.* — Forts vents du sud et sud-ouest, pluie, nombreux grains; la mer est très dure et hachée et me rappelle le golfe du Lion. Je fais route plein sud cherchant à retrouver les vents alizés.

Le 4 juillet fut fort mouvementé.

Montant sur le pont à 2 heures du matin pour parer à un très fort grain du sud-ouest et prendre plusieurs ris dans ma grand'voile et ma trinquette, je découvris sur le pont deux poissons volants mesurant une dizaine de centimètres de long. Peu après ils sautaient dans ma poêle à frire et je pouvais apprécier leur délicate saveur.

Toute la journée, mer très dure, forte tempête du sud-ouest; je fais route au plus près sous voilure réduite. Des lames déferlent à bord toute la journée. La mer est très heurtée, le *Firecrest* tangue fortement et plonge constamment son long beaupré dans les vagues.

La direction des vents pourrait faire croire à la mousson du sud-ouest, mais mes instructions nautiques disent qu'on

ne rencontre pas la mousson du sud-
ouest au nord du cap Vert et je suis
par 29º de latitude nord. Tout se passe
décidément d'une manière anormale
pendant cette traversée.

Dans l'après-midi du 5 juillet, la tempête devint moins forte et j'en profitai
pour raccourcir mon beaupré. Le lendemain, je retrouvai enfin les vents alizés. La mer était toujours forte, je rem-
plaçai ma sous-barbe de beaupré qui
s'était brisée dans la tempête et réparai ma grand'voile et ma voile de cape.
Je roidis aussi mes étais qui avaient
pris du mou.

De nombreuses algues flottaient tout
autour de mon navire, ce qui ne me
surprit pas, car mes cartes m'appre-
naient que je venais d'entrer dans la
mer des Sargasses. J'aperçus aussi un
morceau de bois rongé par les vers et

incrusté de coquillages, peut-être l'épave d'un naufrage au milieu de l'Atlantique.

Je suis heureux, le ciel est de nouveau clair, j'ai retrouvé les vents alizés et me vois déjà près de la côte d'Amérique, quand je fais soudain une découverte alarmante. La plus grande partie de ma réserve d'eau douce est devenue imbuvable.

A mon départ de Gibraltar, j'emportais trois cents litres d'eau douce contenus dans deux réservoirs en fer galvanisé et trois barils de chêne. Ayant épuisé l'eau de mes réservoirs en fer, je découvris que l'eau de mes deux barils de chêne avait pris une teinte rouge sombre, était devenue saumâtre et, même bouillie et filtrée, absolument imbuvable. Ces deux barils étaient construits en bois trop neuf et l'acide tannique du chêne avait complètement corrompu l'eau.

Il me restait environ 50 litres d'eau et j'étais à 2.500 milles de New-York. Si j'avais fait cette découverte trois jours plus tôt, il pleuvait à torrents et j'aurais pu laver et remplir mes barils avec de l'eau de pluie. J'étais maintenant presque sous les tropiques et pouvais fort bien rester plus d'un mois sans pluie.

J'estimai le nombre maximum de jours que pouvait durer ma traversée et décidai de ne boire dorénavant qu'un verre d'eau par jour et de faire toute la cuisine possible à l'eau de mer.

Je possède bien un petit appareil à distiller, mais mon combustible m'est nécessaire pour cuire mes repas. Le soleil, à midi, est presque au zénith et ses rayons me brûlent. Tout est maintenant sec à

VI

bord, ma gorge me fait très mal et j'ai constamment soif.

Je scrute anxieusement l'horizon cherchant des nuages de pluie, mais le ciel est clair et le baromètre très haut. Ne pleuvra-t-il jamais?

Quelques albatros suivent mon navire et les vers du fameux poème de Coleridge hantent ma mémoire :

> De l'eau, de l'eau tout autour
> Et rien, rien à boire.

Le 7 juillet, je me rasai, toujours sans eau ni savon, et me coupai les cheveux. Je réparai encore ma grand'voile dont les coutures ne tenaient plus. Ce jour, une de mes balancines cassa dans la forte brise du nord-est. Le lendemain, mon clinfoc part en lambeaux dans un coup de vent. Mes écoutes cassent les unes après les autres et je dois les changer ; mes voiles s'usent de plus en plus. Ma provision de fil à voile diminue trop vite à mesure que je répare.

Les sargasses sont de plus en plus nombreuses et s'enroulent autour de mon loch. Les poissons volants ont complètement disparu. Il fait chaud, trop chaud ; ma soif augmente ; j'ai la fièvre et ma gorge est très enflée. Du baril de bœuf salé monte une odeur insupportable. Vais-je aussi manquer de viande ?

CHAPITRE VI

Dans les vents alizés.

 E 6 juillet je découvrais donc qu'il me restait seulement 50 litres d'eau douce; j'étais encore à 2.500 milles de New-York; j'avais couvert en moyenne 50 milles par jour, de sorte que, même avec des vents favorables, il me faudrait au moins un mois pour finir mon voyage, et probablement beaucoup plus longtemps. En

fait, ce fut seulement soixante-dix jours plus tard que je jetai l'ancre.

Le temps me sembla très long avant que la pluie tombât en quantité suffisante pour remplir mes réservoirs vides. J'étais obligé de continuer à ne boire qu'un verre d'eau par jour, car je n'osais pas compter sur la pluie et j'étais décidé à ne faire escale nulle part avant la côte américaine.

Dans l'intervalle, j'avais beaucoup de travail, ma grand'voile se décousait constamment lorsque la brise était forte. Maintenant, il n'y a pas une seule de ses coutures que je n'aie recousue au moins une fois.

Voici un exemple d'une journée bien remplie. Je lis le 7 juillet dans mon livre de bord :

« Vent nord-est, forte brise. Route ouest à la boussole. Me rasai, essayai de couper mes cheveux. Nettoyai les cabines. Le bateau se gouverne lui-même sous la voile de cape et les focs. A midi, j'ai couvert 40 milles dans mes dernières vingt-quatre heures. Treize heures, répare la grand'voile. Je répare la balancine de bâbord, qui supporte le gui, quand la grand'voile est abaissée. A 4 heures, le vent tourne vers l'est. Je change ma course vers le sud-ouest. Les sargasses deviennent de plus en plus nombreuses. Le lendemain, mon clinfoc fut déchiré en lambeaux et je dus aller à l'extrémité du beaupré pour sauver ce qui en restait. »

Je courais devant un fort vent d'est et à midi, le 9 juillet, j'avais couvert 72 milles dans les dernières vingt-quatre heures. Ce n'était qu'une moyenne de trois milles par heure, j'étais satisfait pourtant, car le bateau se gouvernait lui-même la plupart du temps.

Je couvris 77 milles le 10 juin. Cette nuit, je dormis dans le poste avant. Je fus éveillé par une vague sur ma figure; elle entra à travers le panneau que j'avais laissé ouvert pour me donner de l'air.

Je faisais souvent des expériences avec mes voiles afin de découvrir le meilleur moyen pour le *Firecrest* de se barrer lui-même, sans que ma main fût sur la barre. Avec un vent arrière, j'avais la grand'voile d'un côté et la trinquette-ballon de l'autre. Je faisais une bonne vitesse sous ce gréement, mais devais garder une attention de tous les instants. La nuit, je rentrais la grand'voile et, modifiant la route, je laissais le navire fuir de lui-même devant le vent sous les voiles d'avant.

Chaque fois que le vent atteignait la force d'une tempête, quelque chose se brisait à bord.

Par exemple, si j'amenais la grand'voile pour la réparer et hissais à sa place la voile de cape, j'avais à peine fini de réparer la grand'voile que la voile de cape se déchirait, et je devais accomplir la manœuvre inverse.

Dans l'intervalle, d'autres choses cassaient, et je ne compte plus le nombre de fois que j'eus à réparer ou changer les écoutes de foc ou de trinquette.

Je ne suis pas enclin à la superstition, mais le vendredi 13 juillet fut exceptionnellement mauvais. Le *Firecrest* roulait effroyablement. Les vagues étaient très hautes et tout cassait à bord depuis le matin. Un grand trou fit son apparition dans la trinquette. Je venais de la rentrer à bord, quand

la drisse de foc se brisa et la voile tomba
par-dessus bord.

Marchant sur le beaupré pour essayer de la remonter, je mis mon pied
sur les arcs-boutants de beaupré, quand
l'un des haubans se brisa sous moi et
je tombai à la mer. Je fus assez heureux
pour attraper la sous-barbe, et rega-
gnai le pont. J'en fus quitte pour un
bain forcé de quelques secondes, mais
mon navire faisait à ce moment plus
de 3 milles à l'heure, et si je n'avais eu
la chance de trouver la sous-barbe sous
ma main, je restais seul en plein océan.
Le pont étroit de mon navire, balayé
par les vagues, me parut ensuite extrêmement confortable.

Ce jour, je trouvai que ma position
était 27º nord de latitude. Je décidai
que j'avais été assez au sud et je changeai ma route du sud-ouest à l'ouest.

Selon toute probabilité, si j'en crois ma carte, je dois avoir des vents favorables jusqu'à 32º de latitude nord.

Ayant échappé au danger du vendredi 13, je me sentis prêt à faire face à tout, le jour suivant. C'était la fête nationale, et je hissai les couleurs françaises et le pavillon du Yacht-Club de France, dont je suis membre.

A 10 heures, le *Firecrest* fuyait devant une très fraîche brise du nord-est, quand un fort coup de vent arriva; je dus amener la trinquette-ballon pour la sauver et mettre à sa place une voile plus petite.

Des vagues, qui semblaient avoir au moins dix mètres de hauteur, arrivaient en rugissant. Le petit *Firecrest* plongeait son nez au milieu d'elles et des torrents d'eau balayaient le pont de l'avant à l'arrière. C'était un dur travail de rester sur le pont sans être emporté, et quand la nuit vint j'étais très fatigué.

Laissant le *Firecrest* se gouverner lui-même, je descendis dans la cabine pendant que la tempête se déchaînait. Je trouvai tout en bas dans un grand désordre, car je n'avais eu le temps de rien nettoyer depuis deux jours. Le bateau roula effroyablement toute la nuit. Si je n'avais pas eu d'autres expériences et si ma confiance en mon navire n'avait pas été aussi entière, j'aurais pu penser qu'il allait chavirer. Le mouvement de roulis était si violent qu'il était extrêmement difficile de rester dans la couchette sans être jeté sur le plancher. Néanmoins, je trouvais toujours le moyen de dormir et de me reposer.

Quand je retournai sur le pont, le

lendemain matin, le vaillant petit navire était resté sur sa route comme si ma main avait été au gouvernail toute la nuit. Si les gens de terre savaient, ils ne s'étonneraient pas qu'un marin aime son navire et le considère comme un être vivant intelligent et sensible.

Il y avait des poissons volants sur le pont, aussi je déjeunai de nourriture fraîche, pour la première fois depuis bien des semaines. Le lendemain, ils étaient plus nombreux. Il faut un homme ayant vécu des semaines de biscuit et de bœuf salé pour apprécier pleinement la délicieuse saveur des poissons volants.

Pendant encore deux jours je fuis, poursuivi par la tempête. Le matin du 16 la force du vent diminua et je pus continuer à réparer mes voiles. La trinquette était déchirée. La mer était

très forte, il était vraiment dur de manier l'aiguille tandis que le *Firecrest*
était secoué terriblement.

Ce jour-là j'eus plus d'eau à pom-
per que de coutume, car une grande
vague avait déferlé à travers l'écou-
tille entr'ouverte.

Une période de vents variables, de
calme et de rafale suivit; j'étais toujours très occupé à réparer mes voiles
éprouvées par le mauvais temps. Je
mis trois jours à réparer la trinquette-ballon, gouvernant la plupart
du temps avec un pied pendant que
je cousais.

CHAPITRE VII

La soif. — Les Daurades.

L faisait très chaud. Au milieu du jour, le soleil était presque à la verticale au-dessus de ma tête, et j'avais toujours très soif, mais je devais me contenter d'un verre d'eau par jour. Ce fut seulement plus de trois semaines après la découverte de ma perte d'eau potable que je pus attraper un tout petit peu d'eau dans mes voiles. Dans la nuit du 17 juillet, une petite pluie

tomba, et je pus recueillir environ un litre d'eau. Je pris un bain sous la pluie dont je goûtai fort la fraîcheur.

Dans le jour, sous le soleil torride des tropiques, je m'aspergeais fréquemment d'eau de mer avec un seau de toile, mais l'effet passait très vite et j'avais bientôt aussi soif qu'avant.

Je venais de réparer la trinquette-ballon, quand la grand'voile se déchira le long d'une couture sur une longueur de plus de cinq mètres. Il n'y avait rien à faire d'autre que d'amener la grand'-voile, la réparer et mettre à sa place la voile de cape. Cela voulait dire au moins vingt-quatre heures de travail avec le fil et les aiguilles.

Ce fut alors que je commençai à souffrir de la gorge. Le jour suivant, ma gorge enfla si fort que je ne pus rien avaler qu'un peu d'eau et de lait condensé.

Pendant quatre jours, ce mal continua. Le 26 juillet, j'étais si faible et fiévreux que j'amenai tout sauf les voiles d'avant et me couchai dans la cabine, laissant le *Firecrest* prendre soin de lui-même.

Des poissons volants tombaient de temps en temps sur le pont, mais ils m'intéressaient peu. Je souffrais trop pour pouvoir manger, et la chaleur était si forte qu'il était très pénible de rester sur le pont, même étendu.

La lumière des tropiques m'éblouissait et, lorsque je regardais vers l'horizon, il me semblait souvent voir la terre : mirage qui se dissipait presque aussitôt.

Le soir, des petits nuages apparaissaient souvent à l'horizon et prenaient à mes yeux l'apparence trompeuse de voiles blanches.

Mon mal augmentait ma soif; il

était dur pour moi de ne pas dépasser ma ration d'un verre d'eau par jour.

Le matin du 29 juillet, j'étais un peu mieux, mais extrêmement faible après quatre jours de diète. Le maniement de mes voiles me prenait quatre fois plus de temps que de coutume en raison de ma faiblesse. Je fis route droit vers l'ouest ce jour-là et la nuit je pus trouver un sommeil réparateur, car le vent était tombé, la mer calme.

Pendant une semaine, des jours calmes et très chauds se succédèrent et il me semblait que mon cerveau brûlait.

Ma situation, à ce moment, n'était guère enviable; de vieilles voiles en mauvais état qui demandaient des réparations constantes, de l'eau mauvaise, la fièvre et pas de vent. Ce n'était pas entièrement plaisant, mais cela me donnait une sorte de satisfaction d'avoir à rencontrer et à surmonter ces obstacles; j'avais confiance et je savais qu'avant d'atteindre la côte américaine je trouverais suffisamment de vent, prévision qui fut justifiée par la suite. Je lis dans mon livre de bord, à cette époque :

« Très chaud et terriblement soif. Aimerais nager autour de mon bateau mais, en raison de la fièvre dont je souffre, j'abandonne ce projet. J'ai certainement perdu les vents alizés. Pour la seconde fois, le vent est exactement à l'opposé de ce qu'il devrait être d'après la carte. Je suis seulement au 29e degré de latitude et le *Firecrest* roule dans un calme plat. Sans les promesses mensongères de la carte des vents, je serais allé beaucoup plus au sud et j'aurais rencontré des vents favorables. »

Comme on l'a vu, rien ne se passe, dans cette croisière, selon les prévisions ordinaires; aucune de celles qu'on admet comme probables ne s'est réalisée.

Il y en a une, en tout cas, que je n'avais pas faite; c'est que mon baril de bœuf salé pourrirait si vite. Le dernier jour de juillet, je me vois obligé de le jeter par-dessus bord. Sous la chaleur des tropiques, je ne pouvais en supporter plus longtemps ni le goût, ni l'odeur.

Jouant autour de mon bateau, il y avait un grand nombre de petits poissons dont j'ignore le nom. Ils avaient d'énormes têtes, en comparaison de leurs corps, et une bouche minuscule. J'essayai en vain de les attraper avec une ligne, ils ne voulaient pas mordre. Je parvins à harponner l'un d'eux.

Mais je trouvai qu'il ne donnait presque aucune chair mangeable.

Le 1ᵉʳ août, ma gorge était mieux et je considérai que je pouvais prendre un bain. L'eau était calme, fraîche et transparente comme celle d'un lac et le *Firecrest* roulait paresseusement dans une longue ondulation; aussi je plongeai par-dessus bord dans la fraîcheur de l'océan.

Tout le jour avait été calme et le coucher du soleil fut merveilleux. Quelques petites bandes de nuages apparaissaient vers l'ouest, floconneuses comme une toison de mouton. Quand le soleil disparut dans l'Océan, ses rayons le teintèrent de rouge, jusqu'à ce que toute la partie ouest du ciel devînt extrêmement brillante.

J'admirai ce magnifique spectacle, jusqu'à ce que le jour tombât. La

nuit vint et Vénus apparut à l'horizon.

Au-dessus de moi étincelait Véga et,
plus à l'ouest, Altaïr, tandis que dans
le sud j'apercevais le Poisson austral.

Ce n'était pas trop de venir de 3.000
milles pour admirer un tel spectacle.

Pendant deux jours j'eus un très
fort vent du nord. Mes voiles, usées,
continuèrent à se déchirer et j'eus à
nouveau à recommencer mon travail
avec le fil et l'aiguille.

Malgré les vents debout, je faisais
lentement un chemin ouest, et, le 2 août,
cinquante-quatre jours de mer, j'étais
par 54° de longitude ouest et 29° 30 de
latitude nord. J'étais à environ 1.700
milles de New-York. J'avais l'intention
de passer au sud des îles Bermudes,
mais j'avais encore plus de 1.000 milles
à couvrir avant d'être dans leur voisi·

nage. Contre ce fort vent et la forte mer, le *Firecrest* faisait peu de chemin. La pluie tomba à torrents, mais il était impossible d'en recueillir parmi les tourbillons d'écume de mer qui volaient partout.

Je n'avais pas le temps d'être paresseux maintenant, j'étais trop occupé à réparer mes voiles et mes cordages.

Le *Firecrest* portait deux balancines. La corne de la grand'voile devait être hissée entre elles et, comme elles sont seulement à quelques centimètres de distance, c'était un travail difficile quand le navire roulait dans une mer très dure.

La place de l'équipage, en hissant la grand'voile, est près du mât, mais j'avais constamment, tout en hissant la voile, à courir en arrière pour guider l'extrémité de la corne entre les deux balancines.

Il faisait toujours chaud et le temps était beau. Le bateau se gouvernait lui-même et j'étais allongé, un jour, sur le pont regardant par-dessus bord, essayant de percer les insondables profondeurs : plus de 6.000 mètres. C'est alors que je remarquai, pour la première fois, trois formes suivant mon bateau. Nageant à quelques mètres de la surface, dans l'ombre du *Firecrest*, était un trio de daurades qui sont d'énormes poissons du genre maquereaux dépassant souvent un mètre de longueur.

Deux semaines auparavant j'avais jeté mon bœuf salé. Je n'avais pas goûté de nourriture fraîche depuis mon départ de Gibraltar et, seuls, quelques poissons volants m'avaient permis de changer mon régime. Et là, nageant près de moi, il y avait plusieurs kilogrammes de poisson frais.

Sortant un hameçon et une ligne, j'essayai d'en attraper un, employant comme appât un petit poisson volant, mais ils n'y firent aucune attention. Et pourtant, en avant de mon bateau, les poissons volent et les daurades sautent après. Les gros sont rapides comme l'éclair et les poissons volants n'ont qu'une très faible chance d'échapper, car au-dessus d'eux les albatros les guettent du haut des airs.

Si les daurades se nourrissent de poissons volants, pourquoi ne mordent-elles pas les miens? Cette extrême timidité de la daurade avait été remarquée par deux de mes amis dans leur traversée de l'Atlantique.

Et pourtant je désire ces poissons

et j'ai besoin d'en prendre un, mais comment ? J'essaie de les tirer à la carabine, mais ils coulent si rapidement que même si le bateau ne remuait pas je ne pourrais pas les attraper en plongeant.

Je me demande si je pourrai en prendre un avec mon harpon à trois branches, mais ils restent toujours hors de mon atteinte.

Découragé, j'abandonnai mon projet et je m'assis sur le bord de mon navire, plongeant les pieds nus dans l'eau. C'est alors que l'inattendu arriva : trois daurades se précipitèrent vers mes pieds. Elles furent rapides, mais je fus plus rapide encore. J'en perçai une de mon harpon et bientôt j'avais un poisson de près d'un mètre sur le pont.

C'était de la nourriture fraîche à profusion et je savais maintenant la manière de m'en procurer.

Je connaissais la curiosité des daurades et savais que pour en attraper je devais attirer leur attention. Mais bientôt elles furent accoutumées à voir mes pieds le long du bord. J'eus à trouver quelque chose de nouveau et découvris qu'une assiette blanche tournoyant dans l'eau excitait leur curiosité. Je pris alors plus de poisson que je n'en pouvais manger.

Les couleurs de ces animaux, comme ils gisaient mourants sur le pont du *Firecrest*, étaient étonnantes. Leurs corps bleu électrique, avec de longues queues d'or, passaient par toutes les nuances de l'arc-en-ciel, pour se fixer finalement au vert avec des points dorés. C'était une des nombreuses merveilles de la mer que je connaissais par mes livres, mais que je n'avais jamais vue auparavant.

7

Les daurades sont d'excellents poissons, mais elles n'ont pas la saveur délicieuse de leurs frères ailés dont elles se nourrissent presque exclusivement. Souvent je trouvais dans leur estomac les restes de nombreux poissons volants.

Ce fut à cette époque que je découvris une curieuse espèce d'algues sur les flancs de mon bateau; elles avaient l'apparence de fleurs noires et blanches attachées à la coque par une longue tige flexible. Ceci m'explique pourquoi tant de poissons suivaient le *Firecrest;* en mer, ils escortent toujours les navires dont la carène est sale.

J'avais maintenant suffisamment à manger, mais presque rien à boire. J'avais à filtrer tout ce que je buvais à travers un linge et le goût de l'eau était très mauvais.

CHAPITRE VIII

Journées d'orages.

NFIN, vint la pluie. Je n'ai pas de mots pour dire ma joie à l'approche de l'orage.

Des nuages sombres se rassemblè-rent vers l'occident, la nuit du 4 août. Dans la pénombre, ils se levaient majestueusement au-dessus de la mer comme d'immenses montagnes noires, semblant vouloir écraser mon petit navire dans un affreux désastre.

Mais je pouvais rire en face d'eux, car je connaissais la robustesse de mon vaillant *Firecrest*. Qu'importe la tempête, si je peux avoir de l'eau... Des éclairs zigzaguaient parmi les amas de nuages et éclairaient par moments l'océan d'une lumière sinistre.

J'étais assis sur le pont, admirant le déploiement de ces forces naturelles. Aussi impressionnant que cela pût être pour un marin, je n'avais aucune crainte de ce qui allait venir. Après les longs jours torrides et sans vent, j'envisageais avec joie le changement qui se préparait.

Le grand rideau de nuages arrivait en roulant de l'occident, éteignant les étoiles les unes après les autres, comme pour cacher une tragédie qui allait se jouer dans cette petite partie du monde et dont le *Firecrest* et moi attendions le dénouement. Il n'y avait rien à faire que réduire ma voilure et me préparer à attraper la pluie qui devait tomber. Bientôt j'entendis le bruit des gouttes précipitées sur le pont et je me souvins du vieux proverbe de marin qui recommande de se méfier quand la pluie arrive avant le vent; mais le *Firecrest* était prêt à tout. L'orage arriva comme un tourbillon et coucha presque entièrement mon navire; mais, quand le premier coup de vent passa, je fus capable, en utilisant ma grand'-voile comme une sorte de poche, de recueillir l'eau de pluie que je laissai s'écouler dans un baril au pied du mât. Les grains continuèrent toute la nuit. Je parvins à recueillir plus de 50 litres; C'était plus important pour moi que la pêche. Je me sentais maintenant assuré de ne jamais manquer de nourriture ni d'eau, car le ciel et la mer m'apportaient l'un et l'autre.

J'étais tout à fait satisfait, même heureux. Je n'avais aucune hâte d'arriver à New-York et je me sentais chez moi sur l'océan.

Le vent est toujours ouest, ce qui veut dire très lente progression, mais je ne m'en soucie pas. Voilà plus de trois semaines que je n'ai eu un temps favorable en dépit des flèches pleines de promesses de la carte des vents. J'ai suffisamment de poisson et d'eau pour mes besoins actuels, et de nombreux nuages noirs encerclent l'horizon, promettant plus de pluie.

J'ai mangé trop de poisson dans les derniers jours. Je souffre : mes lèvres sont enflées et mes jambes me font très mal. Le *Firecrest* tangue fortement dans une mer très dure et fait à peine quelques progrès.

Le 8 août, le vent et la mer augmentent, mais à midi j'avais couvert 66 milles dans les dernières vingt-quatre heures, ce qui n'était pas mal.

Je remarque des nuages assez gros dans l'air, se déplaçant en sens inverse du vent, et j'en conclus qu'une période de mauvais temps va venir. Le laçage qui attache la grand'voile par en haut se casse et j'ai de nouveau beaucoup de travail.

Deux mois s'étaient écoulés depuis que j'avais quitté Gibraltar, le 6 juin. Jusque-là mon voyage s'était déroulé comme je l'avais prévu, chaque jour quelque chose de nouveau arrivait et la vie n'était jamais monotone. Les privations que j'endurais n'étaient que celles qu'un ancien marin considérait comme faisant partie de la journée de travail dans la vieille marine à voile.

J'avais trouvé que je pouvais bien manier mon navire. Nous étions bons compagnons. Il faisait sa part du travail et moi la mienne. Je me sentais de plus en plus attaché à lui et admirais sa vaillance.

A vrai dire, 1.500 milles me séparaient encore du port de New-York, mais j'avais suffisamment de nourriture et d'eau.

Je ne savais pas quel temps j'allais rencontrer vers la côte nord d'Amérique, mais je gardais pleine confiance quoi qu'il pût arriver. Les tempêtes et l'ouragan qui attendaient la venue de mon petit cotre et de ses vieilles voiles allaient pourtant dépasser en violence tout ce que j'avais pu prévoir.

La navigation de mon navire était sans aucun doute une importante partie de mon voyage transatlantique, mais c'était le travail le moins fatigant. Je trouvais beaucoup plus essentiel d'être un bon matelot, d'être capable de réparer mes voiles et mes cordages que de prendre ma latitude et ma longitude.

Je préférais de beaucoup être appelé Alain le matelot que capitaine. Je crois qu'un marin qui ne saurait pas trouver sa position pourrait traverser l'océan seul, à condition de savoir manier son navire. Naviguant droit vers l'ouest à la boussole, il ne manquera pas l'Amérique. Il devra la rencontrer quelque part.

Un écrivain américain, Frank Norris, donne dans un de ses livres, *le Matelot de la dame Loulou*, une très curieuse description de la navigation d'un bateau. Il nous montre l'héroïne de son livre, couchée sur le pont, essayant d'amener, avec le sextant, une étoile vers l'horizon, puis se précipitant dans la cabine pour couvrir de chiffres, pendant toute la nuit, les quatre côtés de la table de loch... Au matin, dit-il, elle avait trouvé sa position et réglé le chronomètre.

Aussi attrayante que cette description puisse paraître au profane, elle est fort loin de la vérité.

Certainement Frank Norris n'eût jamais écrit cela s'il avait été un marin. En prenant une observation, le navigateur d'une petite embarcation doit se tenir aussi haut que possible au-dessus du pont pour diminuer l'erreur d'observation; au lieu de regarder le soleil ou une étoile, on regarde à travers le télescope du sextant vers l'horizon et l'on voit dans un miroir la réflection de l'astre.

Une fois que l'observation est prise, il ne faut que quelques minutes pour trouver la position. J'utilisais un sextant et un chronomètre. Ayant des connaissances mathématiques suffisantes, j'employais les plus modernes procédés de navigation qui sont adoptés sur les paquebots et dans la marine de guerre.

La difficulté est de prendre une observation dans une tempête et par une forte mer, car le pont glisse sous les pieds et le navire roule et tangue fortement; les deux mains sont nécessaires pour tenir le sextant et le navigateur solitaire doit se maintenir avec ses pieds pour ne pas tomber à la mer. C'est alors qu'il me fut très utile d'être toujours pieds nus.

Je suis prêt, l'instrument en mains. Où est l'horizon? Une vague énorme apparaît dans mon champ de vision et l'horizon semble subitement s'être élevé verticalement vers le ciel. C'est seulement, lorsque je suis au sommet d'une vague, que je peux voir l'horizon réel. Avant d'avoir pris mon observation, une nouvelle vague se brise à bord et moi et mon sextant disparaissons dans l'écume. La minute suivante, j'ai pris l'observation, mais j'ai perdu mon équilibre et je dois tout lâcher pour ne pas passer par-dessus bord. Enfin l'observation est prise et je peux me précipiter dans la cabine pour noter l'heure au chronomètre.

Maintenant je n'ai plus qu'à consulter mes tables de navigation; mais il faut encore avoir quelque esprit mathématique pour être capable de calculer pendant la tempête, au milieu des fortes secousses du navire.

Certainement, sur un petit bateau, si l'on peut trouver sa position à dix milles près, on peut se flatter d'avoir une excellente approximation.

CHAPITRE IX

Une nuit à la barre.

EUX mois aupara-
vant j'avais quitté
Gibraltar pour mon
voyage de 4.600
milles, seul à travers
l'Atlantique, par la
longue route du sud.
Pendant soixante jours je n'avais parlé à
aucun être vivant. Les lecteurs de ce
récit peuvent penser que cette période
de solitude me sembla très dure à supporter : il n'en était rien. Le fait que
je n'avais personne à qui parler ne me

troublait jamais. J'étais accoutumé à être moi-même mon seul compagnon : mon bonheur tenait en effet à la grande fascination que l'océan exerçait sur moi.

La plupart du temps, j'étais très occupé à réparer les ravages du vent dans mes vieilles voiles. Elles s'ouvraient constamment le long des coutures et je travaillais sur un pont glissant et incliné sur lequel je devais me tenir en équilibre.

J'aurais pu faire des voiles neuves complètes avec beaucoup moins de travail, si j'avais transporté la toile de rechange nécessaire ; mais j'en avais juste assez pour réparer les déchirures. Ma provision d'aiguilles diminuait et j'avais peur de manquer de fil avant mon arrivée au port.

En raison du mauvais état de mes voiles j'avais souvent à les changer. Les amener et les hisser suivant les différentes conditions du vent représentait déjà suffisamment de travail, mais j'avais en outre à amener souvent une voile pour la réparer et, ensuite, en hisser une autre à sa place.

D'autre part, j'avais deux ou trois repas à cuire par jour. J'avais peu de temps pour la lecture, quoique la bibliothèque du bord fût abondamment fournie de livres d'aventures maritimes. La nuit j'étais trop fatigué pour lire et je tombais dans ma couchette à moitié endormi. Mon sommeil était fort léger, car, au moindre changement de vent, je devais monter sur le pont pour modifier l'angle de la barre.

Et pendant que mon navire était secoué sur l'océan, j'avais des rêves étranges. Parfois ces rêves se passaient sur terre, mais l'idée fixe du but que

je m'étais proposé me poursuivait toujours, et je pensais en dormant : Si je
suis à terre, je n'ai pas traversé l'Atlantique, c'est donc que je ne serais pas
parti. Le rêve devenait alors un atroce
cauchemar. Je me réveillais baigné d'une
sueur froide pour constater avec joie
que j'étais à bord du *Firecrest*. Vite je
jetais un coup d'œil sur le pont pour
voir si tout allait bien à bord et je me
rendormais en souriant à la pensée que
mon navire se rapprochait sans cesse
du but.

Bien souvent aussi c'était pendant le
jour que je cherchais à prendre du repos. Souvent alors vers le soir la brise
se levait et je passais la nuit à la barre.
Il était toujours difficile de résister au
sommeil; mais je ne m'ennuyais jamais
pendant ces longues heures de veille.
Le *Firecrest* glissait doucement laissant

8

derrière lui un sillage phosphorescent
et je gouvernais sur une étoile. Seul sur
la mer, je regardais la voûte céleste et
les mondes de lumière en occupant mon
esprit à des considérations sur la faiblesse de l'homme et la pauvreté des
systèmes philosophiques.

Je pensais à la théorie si incomplète
de l'évolution, qui veut que tout évolue
presque toujours dans un sens de progrès. Je pensais aux histoires des mondes
qui veulent que la terre se soit refroidie
progressivement et que l'homme soit
parti du stage le plus bas pour arriver
à la période actuelle. Ceci n'est, comme
tout système, qu'une hypothèse émise
par des hommes parce qu'elle semble
expliquer mieux qu'une autre les phé-
nomènes que nos faibles moyens nous
ont permis de constater pendant notre
époque.

On ne peut pas prouver que la terre
n'ait pas existé il y a des millions de
siècles. Elle s'est peut-être aussi alternativement refroidie et réchauffée. Le
monde a peut-être connu à maintes
reprises des degrés de civilisation très
supérieurs aux nôtres. Des catastrophes
périodiques ont pu à différents inter-
valles anéantir complètement toute civilisation et la presque totalité de la
race humaine, qui recommencerait toujours indéfiniment le même cycle de
l'âge de pierre à l'âge des grandes inventions. Tout en somme n'est qu'hypothèse et incertitude.

La connaissance absolue est interdite
à l'homme. Parce qu'il est entraîné
dans le mouvement relatif de la terre,
il ne peut avoir que des notions rela-
tives.

Pour connaître l'absolu, il faudrait

qu'il puisse se tenir dans l'espace libre de tout mouvement. Mais alors il ne serait plus un homme, il serait Dieu.

Parfois aussi les différentes périodes de ma vie défilaient devant moi ainsi que tous les événements qui modifièrent ma conception de l'existence et firent que j'étais là à la barre de mon navire au milieu de l'océan.

C'est d'abord la trop grande sensibilité et les déceptions de mon enfance éprise d'idéal qui m'obligèrent de bonne heure à vivre en moi-même, puis la triste vie de pensionnaire au collège, la guerre et la mort de ma mère qui brisa ma vie par l'épouvantable tristesse du jamais plus.

Les souvenirs de guerre se précipitent devant ma mémoire : un combat du haut des airs, les balles incendiaires qui percent les flancs de mon appareil, l'avion

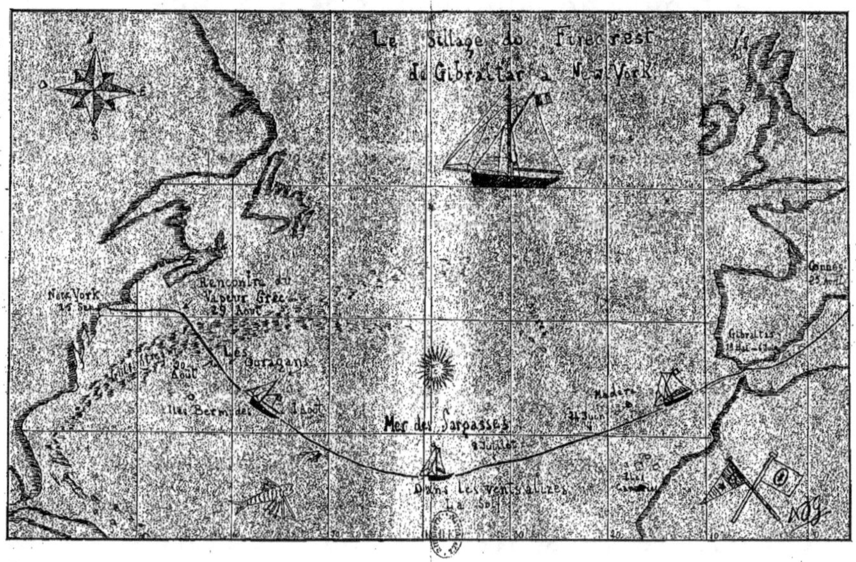

Le Sillage du Firecrest
de Gibraltar à New York
New-York
15 Juin
Rencontre du
Vapeur Grec
29 Août
Les Ouragans
20 Août
Îles Bermudes
3 Août
Mer des Sarpasses
9 Juillet
Dans les vents alizés
La Soif
Madère
24 Juin
Îles Canaries
Gibraltar
18 Mai — 6 Juin
Cannes
25 Avril

ennemi qui descend en flammes, l'ivresse momentanée de la victoire. De retour à terre je ne suis plus, hélas, qu'un enfant qui a perdu sa mère.

Le temps ne comble pas le vide immense. Les uns après les autres mes meilleurs compagnons meurent dans les airs. L'armistice vint et je pense à ces héros qu'on oublie trop facilement, à la vanité de tous ceux qui portent trop ostensiblement les insignes d'une victoire qui n'appartient qu'aux morts, car, lorsqu'on n'a pas donné sa vie pour la Patrie, on n'a rien donné.

De nouveau, d'autres épisodes de ma vie se présentent à ma mémoire. Certains, insignifiants en apparence, ont laissé en moi une impression profonde. Je ne sais trop pourquoi, je me vois soudain reporté à trois années en arrière.

Un train de luxe qui se dirigeait vers Madrid ralentissait sa marche le long d'une courbe aux approches de la ville. C'est alors que, regardant par la fenêtre de mon wagon, j'aperçus un jeune mendiant. Il courait pieds nus le long de la voie ferrée. Sa peau brunie brillait au soleil entre les haillons qui le couvraient. Il était plus beau que le jeune mendiant de Murillo, plus réel que l'enfant au pied bot de Ribera. Il mendiait comme l'on mendie en Espagne, car il avait l'air de faire une faveur en demandant l'aumône.

Sale et déguenillé, c'était cependant lui le prince de la vie, qui courait libre, inondé de soleil et de lumière, et non l'un quelconque des voyageurs que le train emportait prisonnier. Je pensais alors que j'aurais aimé être comme lui pour pouvoir recommencer ma vie en partant de très bas avec quinze ans de moins, moi qui cours inlassablement à la recherche de ma jeunesse.

Mais parce que depuis des siècles les hommes ont coutume de vivre esclaves de la civilisation, je ne serais pas obligé de mener la même vie servile et conventionnelle. Maître de mon navire, je voguerai autour du monde, ivre de grand air, d'espace et de lumière, menant la vie simple de matelot, baignant dans le soleil un corps qui ne fut pas créé pour être enfermé dans les maisons des hommes.

Et, tout heureux d'avoir trouvé ma voie et réalisé mon rêve, je récite à la barre mes poèmes préférés de la mer...

La nuit passait ainsi très vite. Une à une les étoiles disparaissaient. Une clarté grise arrivait de l'orient et je voyais apparaître les formes et les lignes du *Firecrest*.

Mon navire était beau lorsque venait le jour.

CHAPITRE X

Premières tempêtes dans la zone des ouragans.

L E 9 août (soixante-quatre jours de Gibraltar) trouva le *Firecrest* à environ 500 milles est des îles Bermudes et approximativement, 1.200 milles de New-York, mon port de destination. Si je devais en croire mon expérience, il me faudrait environ un mois pour terminer mon voyage. Mais je savais que le passé n'était pas une indication certaine pour l'avenir.

Je pressentais que de fortes tempêtes d'ouest se trouvaient entre ma position présente et la côte américaine, prévision qui fut pleinement justifiée par la suite.

En fait, j'eus, dès ce jour, une indication de ce qui allait arriver.

Il y avait eu des orages et une forte mer toute la nuit. Le vent était ouest et très fort, je voulais passer au sud des îles Bermudes pour rencontrer le Gulf-Stream et profiter de son courant nord-est pour remonter vers New-York. Aussi je tournai le *Firecrest* vers le sud-est.

Durant l'après-midi, mon navire était resté pratiquement à la cape, pendant que je réparais les déchirures dans la grand'voile. L'après-midi, au moment de la hisser de nouveau, le vent avait atteint la force d'une tempête.

Les vagues étaient hautes et déferlaient à bord. Le pont était constamment sous l'eau, le cotre étroit se couchait sous la force du vent et plongeait dans la mer, ensevelissant le pont.

Celui-ci avait l'inclinaison du toit d'une maison, et je devais faire très attention pour me déplacer. Une glissade, et j'aurais été par-dessus bord, tandis que mon navire, sans maître désormais, s'en serait allé au loin, me laissant pour nourriture aux requins et aux daurades.

Le pont était tellement balayé par les vagues que je devais garder toutes les claires-voies et panneaux fermés. Il faisait chaud dans les cabines; dans de telles conditions, faire la cuisine était une tâche extrêmement difficile. Le poste était juste assez large pour me permettre de me tenir entre le réchaud à tribord et les barils d'eau de l'autre côté.

Si, dans un moment d'inattention, je posais une tasse ou un plat, il roulait immédiatement par terre du côté opposé. Mon réchaud avait aussi la mauvaise habitude de renverser de l'eau bouillante sur mes jambes et mes pieds nus; je devais garder une attention constante pendant que mon navire roulait dans les vagues.

Cet après-midi-là je vis une énorme baleine couper ma route à l'avant du navire, déplaçant des montagnes d'eau; le monstre marchait en ligne droite, à une vitesse de plus de dix nœuds; probablement poursuivi par des narvals, qui sont ses ennemis naturels, il se souciait peu des obstacles qu'il pouvait rencontrer sur sa route.

La tempête continua toute la nuit. J'avais changé de bord, me dirigeant vers le nord-nord-ouest, et, après avoir établi les voiles de manière que le *Firecrest* conservât sa route, je dormis dans une couchette qui semblait vouloir se sauver sous moi.

J'étais debout à 4 heures, le lendemain matin, juste à temps pour amener la grand'voile devant un fort coup de vent qui faisait tourbillonner l'écume à la surface de la mer et aurait sûrement déchiré toute ma toile.

Il faisait un sale temps, vraiment. Un vent vicieux poussait devant lui d'énormes vagues avec des crêtes moutonneuses. Quand mon navire plongeait au milieu d'elles, il ensevelissait son avant sous un tourbillon d'écume qui volait dans les voiles et courait le long du pont pour s'écouler à l'arrière.

Une grande armée de nuages noirs cachait le ciel d'un horizon à l'autre, et des amas de nuages d'orage étaient épars à de plus basses altitudes; la pluie frappait durement ma figure avec un rythme lancinant.

J'étais trempé, saturé d'eau de mer, lavé alternativement par l'écume et la pluie, mais il faisait chaud et je ne portais aucun vêtement qui aurait été de peu d'utilité en de telles circonstances. Sans vêtement, je séchais plus vite.

Je ne me plaignais jamais du mauvais temps, qui était la sorte de temps que j'attendais, celui qui met à l'épreuve l'habileté et l'endurance du marin et la force de son navire. Loin d'être impressionné par la majesté de l'océan en furie, je tressaillais à l'approche du combat : j'avais un adversaire redoutable, et, tout joyeux dans la tempête, je chantais toutes les chansons de mer dont je pouvais me souvenir.

Le *Firecrest* plongeait dans l'écume comme s'il voulait se faire sous-marin, et se couchait lourdement sous les coups de vent; la tempête soufflait droit de la direction où je désirais aller, et le cotre avait à combattre pour chaque mètre qu'il gagnait.

Il ne se comportait vraiment pas mal dans ce mauvais temps. Mais le beaupré était enseveli complètement dans la mer, et quand il sortait de l'eau, je pouvais sentir tout le gréement, le mât et les voiles trembler, et le cotre secoué. Ma confiance dans les haubans du beaupré était faible, si l'un d'eux cédait, je pouvais perdre le beaupré.

Les vagues étaient si hautes qu'il était difficile de prendre une observation; quand, par brefs moments, l'écran de nuages s'entr'ouvrait pour laisser apparaître le soleil, je devais attendre d'être au sommet d'une vague avant d'apercevoir l'horizon.

Cependant, je pus me prouver que j'étais dans la latitude 33° et la longitude 56°.

L'orage continuait, violent; je descendis sous le pont et je découvris que le *Firecrest* avait embarqué énormément d'eau; les couvertures des claires-voies étaient attachées aussi serrées que possible, mais de temps en temps, un peu d'eau entrait; en bas, tout était saturé d'eau de mer.

La tempête tourna au sud-ouest dans l'après-midi, mais ne diminua nullement; à 7 heures, au moment où j'allais prendre un ris dans la trinquette, celle-ci se déchira de haut en bas. Il était difficile de travailler sur le pont qui était si souvent balayé par les vagues mais je parvins à rentrer en bas la trinquette et à rouler le gui pour réduire la surface de ma grand'voile.

Fatigué et trempé comme je l'étais, je ne pouvais me reposer, mais travaillai une partie de la nuit pour recoudre la voile déchirée. Pendant toute la nuit, ce fut une succession d'orages et de coups de vent.

Le lendemain, la tempête diminua, mais la mer était toujours très forte ; pendant environ vingt-quatre heures, le temps fut plus calme, et j'en profitai pour réparer toutes mes voiles.

Le lundi 13 août, mes observations me montrèrent que j'avais couvert environ 45 milles en vingt-quatre heures.

Je ne pouvais faire beaucoup de chemin ouest contre ces tempêtes qui me transportaient au nord des Bermudes; je ne pouvais désormais que couper le courant du Gulf-Stream trop à l'est.

L'après-midi de ce lundi, le *Firecrest* tanguait violemment dans un nouveau vent de tempête et une mer démontée ; il ensevelissait constamment son beaupré dans les vagues, et l'effort transmis au mât était très grand; j'étais convaincu à ce moment qu'un long beaupré et la corne de la grand'voile n'étaient qu'une source d'ennuis pour un navigateur solitaire. Je pris la décision de modifier mon gréement après avoir atteint New-York, et de le remplacer par une voilure triangulaire Marconi qui sera équilibrée par un beaupré plus court.

Je renonçai à réparer une de mes

trinquettes, car la réparation aurait absorbé tout le fil à voile qui me restait.

Des mers furieuses se brisaient à bord toute la nuit; le lendemain matin tout était mouillé dans le poste d'équipage. A 4 heures du matin je trouvai le *Firecrest* qui plongeait dans une forte mer et essayait de battre son chemin contre une tempête d'ouest.

Le baromètre baissait, indiquant que je n'étais pas encore au plus mauvais de l'orage; dans la matinée, la tempête augmenta encore, et vers 11 heures sa force était extraordinaire; en bas, tout était dans un désordre extrême. Il était très difficile de cuire le déjeuner; j'essayai vainement de bouillir du riz quand une vague déferla à bord, et je reçus l'eau bouillante sur mes genoux. Montant sur le pont, je découvris que la vague avait emporté le panneau de ma soute aux voiles, à l'arrière du bateau.

Des trous commencèrent à apparaître dans la grand'voile et la trinquette, et je dus les amener. C'était pour moi l'occasion d'essayer mon ancre flottante et je laissai mon navire dériver dans la tempête, mais je trouvai qu'il y avait peu de différence et qu'il se comportait aussi bien sans elle.

Beaucoup de marins prétendent qu'une ancre flottante est très utile quand il est impossible de porter aucune toile pour maintenir l'avant du navire dans le vent, mais je fus loin de trouver qu'il en était ainsi. Mon expérience est contre tout ce qui a été écrit sur les navires dans les tempêtes. Je pense que le danger d'être roulé dans le creux des vagues ne s'applique pas à un navire de la taille du *Firecrest*.

Je trouvai qu'il n'y avait pas beaucoup de différence à présenter l'avant, le côté ou l'arrière aux lames, aussi longtemps que le bateau dérivait sans avancer. Si je pouvais porter un peu de toile, c'est à la cape — sous voilure réduite — que je trouvais le moindre danger.

Je fus obligé de couvrir la soute aux voiles avec de vieilles voiles pour empêcher l'eau d'y pénétrer.

Comme j'essayais cette nuit-là de cuire mon dîner, la pompe de mon réchaud qui force le pétrole sous pression à travers un petit trou se brisa, et je dus abandonner la cuisine; quoique très fatigué, je passai une partie de la nuit à réparer la trinquette.

Les nuages de tempête disparurent le lendemain matin, 15 août, et la force du vent diminua un peu. Toute la nuit le *Firecrest* était resté amarré à l'ancre flottante. Juste avant midi je la ramenai à bord, hissai les voiles, et à midi je reprenais ma route vers le nord-ouest.

C'était la dernière fois que j'employais l'ancre flottante, car je l'avais trouvée de peu d'utilité.

Vingt minutes après avoir repris ma route, un coup de vent frappa le cotre et déchira en lambeaux la trinquette que j'avais réparée toute la nuit, pendant dix longues heures. Elle partit en un instant, dans un seul coup de vent. Je fus cependant capable de sourire tout en pensant aux heures que j'avais passées à coudre tous les morceaux ensemble. N'ayant plus de trinquette, je hissai un foc à sa place.

A ce moment, je n'avais pas dormi depuis trente heures. Le *Firecrest* prenait soin de lui-même et je pus dormir pendant deux heures; le jour suivant, la tempête était moins forte et je mis tout en ordre, jetant par-dessus bord tout ce que je trouvais inutile. Ceci me fait toujours un vrai plaisir et c'est une des grandes joies de la mer de pouvoir ainsi jeter loin de soi tout ce qu'on n'aime plus.

Des daurades suivaient encore le *Firecrest*, mais maintenant elles étaient très timides et n'osaient plus venir à portée de mon harpon. Le jour suivant, je fus cependant capable d'en percer une qui avait près d'un mètre de long.

Je pensais avec un sourire à ma supériorité actuelle, mais qu'un jour peut-être les poissons voraces auraient leur revanche : récompense de leur inlassable et patiente poursuite.

Le 18 août, la tempête revint très

forte, mes voiles recommencèrent à s'ouvrir, des parties du gréement se brisèrent sous l'effort. Ma pompe était hors d'usage; les vagues étaient très fortes et très hautes et, à la nuit, j'étais froid-mouillé et exténué de fatigue; je pris de la quinine pour prévenir les refroidissements. Après avoir été à court d'eau pendant un mois, j'en avais tant maintenant que je ne pouvais plus la garder hors de mon navire; il était impossible d'empêcher la forte pluie et l'écume de mer de trouver un passage à travers les toiles qui fermaient la soute aux voiles.

L'eau était maintenant au niveau du plancher dans la cabine, et, quand le *Firecrest* s'inclinait sur un bord, elle sautait dans les tiroirs et les couchettes, mouillant et gâtant tout.

Au dehors, maintenant, soufflait un

véritable ouragan. Le ciel était entièrement obscurci de nuages noirs si bas et si épais que le jour semblait être la nuit. J'eus à rouler ma grand'voile jusqu'à ce que rien ne se montrât que la corne et fort peu de toile. Les vagues étaient si hautes et le navire battait son chemin si lourdement qu'il semblait, par moments, qu'il voulût rejeter son mât loin de lui. La pluie tombait à torrents, lancinante, poussée par la force de l'orage et m'aveuglant presque, je pouvais à peine ouvrir mes yeux et, quand je le faisais, je voyais à peine d'une extrémité à l'autre du navire. Pendant plusieurs jours, je m'étais exposé à la pluie et à l'écume. La peau de mes mains était devenue si molle que je souffrais terriblement quand j'avais à tirer sur les cordages.

CHAPITRE XI

L'Épreuve.

ɪ les tempêtes, qui déchiraient mes voiles, ni l'eau qui entrait dans la cabine, ni la pluie d'écume qui me fouettait constamment ne pouvaient apaiser mon amour de la mer. Un marin qui traverse seul l'océan doit s'attendre à de durs moments. Les anciens mariniers, qui faisaient le tour du cap Horn, devaient combattre cons-

tamment pour leur existence et souf-
fraient plus du froid que moi.

Je savais qu'il était possible qu'un
jour le *Firecrest* et moi rencontrions
une tempête qui serait trop forte et
nous entraînerait au fond ensemble,
mais c'est une fin à laquelle tous les
gens de mer doivent s'attendre. Est-il
d'ailleurs plus belle mort pour un marin?

La tempête continua à travers la
nuit du 19 août; l'une après l'autre
les vagues balayaient le petit cotre qui
se secouait sous elles. J'étais souvent
réveillé par le choc de la mer et la
grande inclinaison du navire.

Dès le matin du 20 août, je compris
que ce jour allait voir le point culminant de toutes les tempêtes que j'avais
rencontrées. Le *Firecrest* fut en effet
tout près d'aborder au port des navires

perdus. Aussi loin que l'œil pouvait voir, il n'y avait rien qu'un furieux tourbillon d'eau que surplombait une armée de nuages noirs comme de l'encre, poussés par la tempête.

A 10 heures, le vent avait atteint la force de l'ouragan, les vagues étaient démontées, courtes et vicieuses; leur crête était déchirée par le vent en petits tourbillons qui déferlaient et devenaient blancs d'écume ; ils se précipitaient sur mon petit navire comme s'ils voulaient le détruire. Mais lui battait toujours son chemin au travers des vagues, si vaillamment que j'avais envie de chanter. C'était la vie.

Tout d'un coup, un désastre sembla m'engloutir; il était juste midi; le *Firecrest* faisait route presque vent de travers sous un morceau de sa grand'-

voile et le foc. Soudain, je vis arriver de l'horizon une vague énorme, dont la crête blanche et rugissante semblait si haute qu'elle dépassait toutes les autres. Je pouvais à peine en croire mes yeux. C'était une chose de beauté aussi bien que d'épouvante. Elle arrivait sur moi avec un roulement de tonnerre.

Sachant que, si je restais sur le pont, j'y trouverais une mort certaine, car je ne pouvais pas ne pas être balayé par-dessus bord, j'eus juste le temps de monter dans le gréement et j'étais environ à mi-hauteur du mât quand la vague déferla, furieuse, sur le *Firecrest* qui disparut sous des tonnes d'eau et un tourbillon d'écume. Le navire hésita et s'inclina sous le choc et je me demandai s'il allait pouvoir revenir à la surface.

Lentement, il sortit de l'écume et l'énorme vague passa. Je glissai du mât pour découvrir que la vague avait emporté la partie extérieure du beaupré. Retenu par l'étai de foc, un amas de cordages et de voiles restait contre les flancs de mon navire et les vagues le poussaient comme un bélier contre le bordage, menaçant à chaque coup de percer un trou dans la coque et d'envoyer le *Firecrest* et moi au fond de la mer.

Le mât était secoué dangereusement; les haubans de bâbord étaient devenus lâches. Il était fort possible que le mât se brisât, même si la partie cassée du beaupré ne perçait pas un trou dans la coque. Le vent me coupait la figure avec une force incroyable et le pont était la plupart du temps sous les vagues.

Je travaillai ferme pour sauver mon navire. D'abord, je dus amener la grand'-voile : l'ouragan tendait la toile si fort contre la balancine de tribord qu'il fut extrêmement difficile d'amener la grand'-voile et de la rouler sur le pont. Plus difficile encore fut le travail de hisser l'épave à bord; le plancher glissait et le vent soufflait si fort que je devais ramper sur le pont pour ne pas être emporté par la tempête. Je me tenais aux haubans avec les mains. La partie cassée du beaupré était terriblement lourde; je dus passer un filin autour d'elle pendant qu'elle était secouée par les vagues. Maintes fois, elle m'entraîna presque par-dessus bord. Enfin, je pus avoir à bord le foc et le beaupré que j'attachai sur le pont. Il était presque nuit et je me sentais très fatigué. J'avais encore à essayer de réparer le mât et ne pouvais prendre aucun repos avant d'avoir fait une tentative. Montant sur ce mât qui se secouait d'une vague à l'autre, je découvris que le laçage qui tient les haubans de bâbord dans une sorte d'œil avait cédé et que les haubans avaient glissé le long du mât.

Deux fois, je perdis prise et fus enlevé; suspendu à une drisse je revins contre le mât avec un grand choc. J'étais trop fatigué pour pouvoir réparer et je glissai sur le pont pour trouver le navire entier vibrant sous les secousses. J'avais peur que le pont ne s'entr'ouvrît sous l'effort.

Je hissai la voile de cape et amenai mon navire sur l'autre bord, de manière à laisser les haubans de tribord recevoir la force de la tempête.

Maintenant les secousses n'étaient

pas aussi fortes ; il faisait nuit, et, fermant tout, je descendis dans la cabine.

J'étais exténué.

J'essayai de faire du feu, mais découvris qu'aucun de mes deux réchauds ne voulait fonctionner. Je dus me coucher, affamé, transi et saturé d'eau : pour la première fois de ma carrière, un triste et misérable marin.

Les îles Bermudes étaient seulement à 300 milles au sud, et New-York, avec le détour que le Gulf-Stream allait m'obliger à faire, à 1.000 au moins. Je savais qu'il était plus sûr de me diriger vers les îles Bermudes que je pouvais atteindre en quelques jours, et là réparer mes avaries, avant d'aller vers l'Amérique. J'avais décidé de faire le voyage de Gibraltar à la côte américaine sans escale. Abandonner ce projet me brisait le cœur et je me sentais triste à mourir.

A ce moment je me souciais fort peu qu'une vague précipitât le *Firecrest* et moi au fond de la mer. En vain j'essayai de dormir; les secousses du mât étaient si fortes que je craignais qu'il ne se brisât avant le jour. Je restai ainsi plusieurs heures, étendu épuisé sur ma couchette, en proie à un profond désespoir. Et pourtant malgré la fièvre qui brûlait dans mon cerveau une idée fixe persistait toujours. Je savais que je devais aller aux Bermudes et je ne pouvais penser qu'à New-York qui était le port que je voulais atteindre.

Soudain je décidai de tenter ce qui semblait impossible, je me levai et, comme avant tout j'avais besoin de nourriture, je commençai par réparer mes réchauds. Je brisai trois aiguilles

l'une après l'autre avant de pouvoir
en limer une suffisamment petite pour
nettoyer le trou à travers lequel le pétrole se vaporise.

Quand le jour arriva, j'avais été
capable de cuire un déjeuner de lard
et de thé; alors je me sentis tout à fait
honteux de moi-même d'avoir pensé,
même quelques heures, à me diriger
vers les Bermudes.

Quoique la tempête fût un peu moins
forte, il ventait encore très fort ce matin du 21 août et la mer était toujours
démontée. Je devais consolider le mât
et en réparer les dommages. Il était
très dur de grimper à ce mât qui bran-
lait; il était plus dur encore d'y pouvoir rester. Avec mes jambes autour
de la barre de flèche je devais travailler
la tête en bas. Dans cette position je
mis plus d'une heure à saisir ensemble

les deux haubans pour les empêcher
de glisser.

Descendant alors sur le pont, je roidis les haubans : le mât était sauvé.

Il fallait encore réparer le beaupré
cassé. C'était un travail pour la scie
et la hache. Avec ces outils, je fis une
entaille dans la partie cassée du beaupré et fus capable de le fixer à sa place,
mais ce beaupré de fortune était de
trois mètres trop court.

La plus dure partie du travail n'était
pas encore accomplie. Je devais faire
une sous-barbe pour tenir l'extrémité
du beaupré en coupant un morceau
de la chaîne de l'ancre et en fixant
une de ses extrémités à un anneau
fixé à l'avant du navire, juste au-dessus de la flottaison.

Je devais pendre, la tête en bas, mes
jambes autour du beaupré, et, comme

l'avant du navire se levait et retombait dans les vagues, je sortais de l'eau pour être plongé à un mètre de profondeur. Je ne sais pas comment je fus capable de le faire, mais je le fis tout de même.

J'avais à peine fini de réparer, que la tempête devint soudain plus modérée, comme si elle avouait qu'elle était vaincue et ne pouvait rien contre mon vaillant navire.

Je pus prendre deux observations et me convaincre que j'étais dans la latitude 36° nord et la longitude 62° ouest; j'étais à environ 800 milles de New-York, à vol d'oiseau, mais à une distance réelle de 1.000 ou 1.200 milles.

J'étais absolument épuisé, mais le plaisir de la victoire me donnait des forces illimitées. Aussi je revins au travail pour réparer la pompe et trouvai qu'un morceau d'allumette dans un clapet en empêchait le fonctionnement. Après deux heures de travail mon navire était sec. Montant en haut du mât pour vérifier ma réparation, je m'aperçus que les haubans étaient très usés et que j'allais avoir besoin de toute mon attention pour conserver mon mât jusqu'à New-York.

Sous le court beaupré et la voilure réduite de l'avant, le *Firecrest* était très mal équilibré. Je faisais route avec la barre entièrement d'un côté, et près du vent la dérive était grande.

Toutes les réparations étaient maintenant terminées. Attachant la barre, je disposai les toiles de manière que le *Firecrest* fît route de lui-même vers New-York.

Enfin je me jetai exténué sur ma

couchette pour prendre un repos que j'avais bien gagné.

J'avais été successivement gabier, voilier, menuisier et navigateur, et satisfait d'avoir accompli mon rude travail de matelot, je m'endormis en souriant à la pensée que mon navire sur la mer houleuse se rapprochait maintenant du but lointain que je ne désespérais plus d'atteindre.

CHAPITRE XII

Traversée du Gulf-Stream. — Une rencontre en mer.

 A tempête dura encore quatre jours et, le 22 août, je lis dans mon livre de bord :

« Trois heures, grain; cinq heures, le vent augmente, vagues déferlent à bord; huit heures, la mer augmente; dix heures, fort coup de vent et pluie ; midi, mer très agitée. Balancine de bâbord se brise; grand'voile s'ouvre aux coutures. Trois heures, fort coup de vent; quatre heures, vent de tempête, mer démontée; navire se conduit admirablement. Vent ouest, sud-ouest, route nord-ouest. A court de pommes de terre. Eu cinq pommes de terre bouillies pour dîner. Ai dû me contenter de riz. Sept heures, ouragan. Le vent hurle et siffle furieusement. Suis obligé de me mettre à la cape. Ciel très sombre et menaçant vers l'ouest. Rentré foc. La tempête est si furieuse que le foc se déchire dans cette opération. La mer est plus chaude maintenant et je dois être dans le Gulf-Stream. »

Le jour suivant, je n'eus pas de chance; je réparais mes voiles, quand, à 10 heures, apercevant un poisson d'un mètre cinquante, je le perçai avec mon harpon; mais, en même temps, je perdis l'équilibre et dus laisser aller mon harpon pour ne pas être emporté par-dessus bord. Je ne pourrai plus maintenant attraper de poisson, et j'aurai à me nourrir presque exclusivement de riz.

De nombreux poissons volants qui tombèrent sur le pont me dédommagèrent amplement. C'était le vingtième jour des tempêtes; j'étais saturé d'eau et prenais constamment de la quinine.

Quand je me remémore tous ces événements, je pense que si une seconde vague semblable à celle du 20 août s'était abattue sur le *Firecrest*, il aurait pu être laissé comme une épave à des centaines de milles de la route des paquebots; pourtant, j'ai le sentiment que j'aurais pu le mener à New-York en faisant, avec les débris du mât, un mât de fortune et en utilisant une petite voile carrée. Peut-être alors aurais-je mis deux ou trois mois de plus pour atteindre la côte américaine.

Mais l'énorme vague fut, en réalité, comme disent les marins, une vague de beau temps. Elle marquait le point culminant de la tempête et annonçait l'approche d'un temps plus favorable.

Pendant vingt jours consécutifs, le *Firecrest* avait lutté contre des orages et des tempêtes et, finalement, contre cet ouragan qui terminait presque la croisière. Le cotre portait des traces de la bataille qu'il avait livrée contre l'océan.

Des déchirures couraient en zigzags au travers de ses voiles. Un des panneaux avait été emporté par une vague et le beaupré de fortune diminuait tellement la voilure d'avant que tout le plan de voilure était déséquilibré.

J'étais fier de mon navire.

Dessiné et bâti pour la vitesse, il avait prouvé qu'il était un splendide navire de croisière.

Les marques de mon travail de matelot étaient sur les voiles et le gréement. Pourtant, tout était net et en bon ordre.

Incapable de faire beaucoup de chemin ouest contre les tempêtes et le Gulf-Stream, le *Firecrest* avait dévié au nord et maintenant il était à peu près dans la latitude de l'île de Nantucket, à 360 milles à l'est.

Je traversai le Gulf-Stream et m'approchai de la route suivie par les grands paquebots qui vont de New-York aux ports européens. Je m'attendais à voir leurs nuages de fumée et leurs innombrables lumières, s'ils me dépassaient pendant la nuit. Il commençait à faire froid et je compris que j'étais sorti du courant du Gulf-Stream.

Les avaries à mes voiles se succédaient toujours. Le 25 août, comme je réparais le laçage de la voilure de cape, un vicieux coup de vent la déchira et je dus l'amener et la rentrer dans la cabine pour la réparer.

Naturellement, à la mer, un orage n'est pas un incident de très grande importance, pourvu qu'il ne vous attrape pas quand vous avez trop de toile; vous devez en hâte abaisser votre voile, ou, suivant la vieille expression des marins : saluer le grain.

A midi, j'avais réparé la voile de cape et déterminé ma position, par le sextant et le chronomètre, comme étant 62° de longitude ouest et 38° de latitude nord.

Cela prouvait que j'avais perdu du

chemin ouest, mais je désirais faire le plus de route nord possible pour sortir du courant contraire du Gulf-Stream. Il y avait un fort vent d'ouest après l'orage et le ciel s'éclaircit, montrant des bandes d'un bleu éblouissant. Sous la voile de cape, le *Firecrest* se comportait très bien, jusqu'à ce que, tard dans l'après-midi, le vent diminuât; je pus alors hisser la grand'voile.

Le lendemain matin 26, je trouvai deux poissons volants sur le pont et, pour la dernière fois, pus cuire un déjeuner de leur chair délicieuse. Le vent avait viré au nord-ouest; je changeai de bord et dirigeai ma route ouest-sudouest. Je passai la journée à tout mettre en ordre et à réparer la grand'voile qui s'était de nouveau ouverte aux coutures. La nuit, ce fut le calme plat.

Le jour suivant, j'aperçus, pour la

première fois dans mon voyage, un des plus étranges spectacles de la mer: une trombe d'eau. Un grain passa à environ un mille de distance emportant un nuage bas et noir. Réunissant ce nuage à l'océan, une colonne d'eau en forme de tire-bouchon tourbillonnait en s'enfonçant dans la mer. C'était un spectacle magnifique, mais il m'était impossible de voir où l'eau commençait, où les nuages finissaient, et je ne puis dire comment le tout s'en alla avec le vent dans un roulement de tonnerre.

Quoique je fusse très au nord, les daurades suivaient encore mon navire; le 27 août j'en tuai une à la carabine, et elle s'enfonça comme une pierre. Les poissons volants avaient disparu. Sans harpon pour pouvoir pêcher, j'en étais réduit à un régime de céréales, lard, riz et pommes de terre.

Le jour suivant, le vent était favorable. Hissant la trinquette-ballon, je fus capable de faire beaucoup de chemin ouest, et, à midi, j'étais dans la longitude 65° 40.

La mer et les poissons sont maintenant d'une couleur tout à fait différente et les algues marines ne sont plus les mêmes. Je suis certainement hors du Gulf-Stream. Le loch que je traîne ne fonctionne plus. Il est probablement plein de sel et devrait être lavé dans de l'eau douce bouillante. La terre doit se rapprocher, car les oiseaux de mer deviennent plus nombreux.

Cette nuit, le 28 août, j'aperçus pour la première fois, un bateau passant vers l'ouest avec toutes ses lumières. Après plusieurs mois de solitude, c'était une sensation étrange de trouver d'autres navires sur la mer. Je ne me sentais plus seul maître sur l'océan, et je considérais ce paquebot avec un sentiment un peu triste.

J'étais réellement dans la route des vapeurs, car le matin suivant j'en aperçus un autre. Je hissai les couleurs nationales, fier de montrer aux étrangers qu'il y avait encore des marins en France. Le *Firecrest* avait accompli un vaillant voyage; j'en désirais partager les honneurs, avec mon pays. Quand le vapeur fut suffisamment près, je fis des signaux avec mes bras. Voici le message que j'envoyai :

« Yacht *Firecrest*, 84 jours de Gibraltar. »

Il était très difficile de signaler, car la houle était forte et je devais me tenir dans le gréement avec les jambes et les pieds pendant que j'agitais mes bras. Le vapeur ne sembla pas comprendre mon message, mais ralentit ses machines et se rapprocha.

De la passerelle de commandement, le capitaine se servant d'un mégaphone me demanda en mauvais français et anglais ce que je désirais; je n'avais pas de porte-voix, mais je lui criai que je ne voulais pas l'arrêter et lui demandais seulement de me signaler à New-York; j'ajoutai que j'étais parti pour une promenade à la voile, que j'étais parfaitement heureux et que je n'avais besoin de rien. Mais comme un millier d'émigrants parlaient tous à la fois, je ne pouvais me faire comprendre.

Les passagers semblaient très excités et surpris de voir un petit navire et son solitaire équipage, et ils parlaient avec bruit, tous ensemble. Quand je me souviens maintenant que je ne portais presque aucun vêtement et étais entièrement bruni par le soleil, je comprends leur étonnement.

En vain, j'essayai de leur signaler de poursuivre leur route, que je n'avais pas besoin d'eux, mais le vapeur s'approcha dangereusement près et stoppa ses machines. Sa grande coque m'abritait du vent, je ne pouvais plus avancer et nous dérivions ensemble. La houle poussait le *Firecrest* contre les flancs d'acier du vapeur.

Le *Firecrest* était maintenant en plus grand danger d'avoir des avaries que dans aucune des tempêtes qu'il avait rencontrées. Ils me jetèrent un câble et je l'amarrai au mât. Je leur demandai de me tirer un peu en avant pour sortir de leur dangereux voisinage, mais fus très étonné de voir qu'ils avaient remis leurs machines en marche

et essayaient de remorquer le *Firecrest*. En vain, je leur criai que je ne
désirais pas d'aide pour atteindre New-
York. Finalement, je fus obligé de
couper l'amarre avec un couteau. Mais
maintenant, avec l'élan, mon gouvernail put avoir de l'action, et je parvins à m'écarter du vapeur.

Je croyais être tranquille, mais je découvris qu'ils mettaient une embarcation à la mer; je mis mon navire en
panne et attendis. Deux jeunes officiers
grecs, couverts d'or comme des géné-
raux sud-américains, s'approchèrent;
ils étaient très effrayés de monter à
bord avec la houle assez forte, mais,
finalement, prirent leur élan et roulèrent
à mes pieds.

L'un d'eux me demanda pourquoi
je ne gouvernais pas quand le *Firecrest*
était contre le vapeur et me dit qu'un

capitaine devait toujours rester à la barre. Je lui répondis que s'il était un réel marin au lieu d'un mécanicien à bord d'un train sur l'eau, il saurait qu'un bateau à voiles ne peut gouverner sans vent dans les voiles, et que je n'avais pas traversé seul l'Atlantique pour recevoir des leçons sur la manière de conduire mon bateau.

Je leur dis ensuite que je n'avais pas voulu les arrêter, mais seulement leur demander de transmettre un message à New-York, et je leur traçai mon nom et le nom de mon navire sur un morceau de papier.

L'un d'eux me dit qu'il avait apporté de l'eau et des vivres et me demanda si j'en avais besoin. Je leur répondis que j'avais suffisamment de vivres, mais que néanmoins j'acceptais ce qu'ils avaient eu l'amabilité de m'apporter.

Un de ces jeunes officiers me demanda si je désirais savoir ma position et l'inscrivit sur un morceau de papier comme étant 41° de latitude et 62° 30 de longitude. Mes propres observations m'avaient donné une longitude de 66°40 et j'étais très étonné de constater qu'il y avait une différence de 200 milles. Ils insistèrent sur l'exactitude de leur point. Naturellement, je pouvais penser que mon chronomètre était hors d'usage après avoir été si longtemps secoué à la mer. C'est pourquoi, bien que très confiant dans ma navigation, je gardai sur mon livre de bord les deux positions. Je pus vérifier plus tard que la mienne était correcte, mais je ne saurai jamais si les jeunes officiers se trompèrent ou si le vapeur était lui-même en erreur sur sa route.

Comme mes visiteurs regagnaient leur

bord, je découvris que les vivres qu'ils m'avaient apportés ne pouvaient m'être d'aucune utilité. C'étaient trois bouteilles de cognac et des boîtes de conserves que je n'aime pas.

Quelques instants après le vapeur s'éloignait, tous ses émigrants acclamant le *Firecrest*. Je répondis en saluant de mon pavillon.

Bientôt l'horizon était libre et j'étais heureux d'être seul à nouveau.

CHAPITRE XIII

Le brouillard. — L'arrivée à New-York.

Rois jours de calme et de brouillard vinrent ensuite. Le *Firecrest* était au milieu de la route des longs-courriers.

Toutes mes voiles de beau temps avaient été emportées. Avec son court beaupré et sa coque incrustée d'algues, le *Firecrest* n'avançait pas très vite.

Je courais un réel danger enveloppé dans le brouillard dans ces parages fréquentés par les navires. Je ne saurais décrire la lugubre et profonde tristesse de ces jours qui ressemblaient aux nuits.

La brume était si épaisse, que de l'arrière du *Firecrest* je ne pouvais apercevoir le mât. Les coups de sirène des paquebots m'arrivaient plaintifs et assourdis par le brouillard. Les appels des cornes de brume des voiliers résonnaient comme un glas.

La plupart du temps j'étais assoupi, cherchant à retrouver les heures de sommeil perdues, et j'attendais qu'un bruit de machines m'annonçât la proximité dangereuse d'un paquebot pour sauter sur le pont et souffler dans ma corne de brume.

Le troisième jour de brouillard je fus très près d'être coulé par un paquebot. Je pouvais entendre sa sirène et le bruit de ses machines et j'avais la sensation qu'il venait droit sur moi; mais le *Firecrest* n'avait pas de vent dans ses voiles et je ne pouvais m'éloigner de sa route.

Que pouvais-je faire d'autre que sonner la cloche du bord et espérer que le vapeur m'entende? Pendant plusieurs minutes il fut fort probable que j'allais partager le destin supposé du capitaine Slocum, le fameux navigateur solitaire qu'on croit avoir été abordé dans la brume, mais finalement le vapeur m'entendit et signala avec sa sirène qu'il tournait vers tribord.

Ce jour-là, une observation me prouva que le *Firecrest* avait fait 20 milles dans les dernières vingt-quatre heures, alors que je n'avais pas eu le moindre vent. Certainement il y avait un courant et je devais me rapprocher de terre.

Il y avait beaucoup de marques de l'approche de la terre, le jour suivant, dimanche 2 septembre. La couleur de l'eau était différente, les marsouins étaient nombreux et j'aperçus même quelques papillons morts flottant sur l'eau.

Je savais maintenant que ma navigation était correcte. A midi une goélette passa loin de moi.

Vers 3 heures de l'après-midi du 3 septembre, j'aperçus une quantité innombrable de mouettes et en découvris bientôt la cause : à l'horizon, à 3 milles de distance, passait une goélette de pêche suivie par une véritable armée de mouettes.

La brise était très légère et pendant deux heures je fis voile vers la goélette qui était droit sur ma route vers l'ouest. A 4 heures, ses embarcations revinrent à bord et le navire se dirigea vers le

Firecrest. Je hissai alors les couleurs françaises. La goélette passa et je pus lire son nom, *Henrietta*, et son port d'attache, Boston.

Un de ses canots, un doris, comme on les appelle à Terre-Neuve, se dirigea vers mon navire, et un pêcheur français de Saint-Pierre sauta à bord, Je ne vous décris pas son étonnement d'apprendre que le *Firecrest* et moi arrivions de France et sa joie de rencontrer « un pays ».

Il me demanda de venir à bord et de partager son dîner; aussi, laissant mon bateau se gouverner lui-même, je partis rendre visite à ces braves gens.

Je sautai à bord de l'*Henrietta* et tombai dans le poisson jusqu'à la ceinture. Tout en regardant le pont et les pêcheurs travaillant au vidage et au nettoyage du poisson, je me souvins des descriptions que j'avais lues dans le fameux livre de Kipling, *Capitaines courageux*.

Ils m'accueillirent en souriant, et j'étais heureux d'être parmi eux et d'entendre l'accent particulier de Boston; je me sentais beaucoup plus chez moi avec ces pêcheurs qu'avec les Grecs. Ils étaient de vrais marins.

Je descendis dans le poste d'équipage et, pour la première fois depuis quatre-vingt-dix jours, pus goûter du pain frais et de la viande fraîche ; ils ont de bons cuisiniers sur ces bateaux de pêche américains. Ils voulaient m'offrir toutes les provisions du bord, mais je refusai presque tout et n'acceptai que du pain et quelques fruits.

Après avoir déjeuné, je remontai sur le pont et parlai quelque temps avec le capitaine Albert Hines, qui

tenait la barre, suivant le *Firecrest.*
C'était une sensation étrange de regarder de si loin mon navire et de le voir
rester tout seul sur sa route; je commençais à craindre que le moteur de
la goélette ne s'arrêtât. Au plus près,
dans une brise légère, je ne pense pas
qu'elle puisse rejoindre mon bateau.

Le capitaine était un réel loup de
mer. C'était plaisir de rencontrer un
homme comme lui, connaissant à fond
la mer et son navire. Il me donna une
carte du banc Georges, le grand terri-
toire de pêche à l'est de l'île Nantucket,
et un rouleau de fil à voile.

J'appris que ma position obtenue
par mes propres observations était absolument correcte.

A ce moment, le brouillard devenait
de plus en plus dense et, par moments,
le *Firecrest* disparaissait à ma vue. Je

commençais à être inquiet et me fis amener à bord par deux pêcheurs. Je leur donnai les bouteilles de cognac que les officiers du vapeur m'avaient offertes. Les pêcheurs retournèrent vers la goélette et au moment où nous échangions des signaux d'adieu sur la corne de brume, le brouillard très épais nous cacha l'un à l'autre.

Ma visite à l'*Henrietta* fut un intermède plaisant dans mon voyage. J'étais très intéressé par les pêcheurs, autant qu'ils l'étaient eux-mêmes par le long voyage du *Firecrest*.

Avec le moindre vent, je n'aurais pas dû mettre plus de quelques jours pour entrer dans le détroit de Long-Island, qui est seulement à 200 milles du banc Georges, mais les jours qui suivirent furent généralement calmes avec quelques souffles de brise qui poussaient le cotre pendant une heure ou deux pour le laisser ensuite immobile sur une mer d'huile.

La marée, très forte sur le banc, ramenait par moments le *Firecrest* en arrière pendant que je réparais mes voiles. La plupart du temps, j'étais en vue de quelques bateaux de pêche.

En me servant de la carte que le capitaine m'avait donnée et en sondant constamment, je passai au travers des bancs de sable de Nantucket. J'aperçus un jour un couple de petites baleines à peine plus grosses que le *Firecrest*; j'en tirai une avec mon winchester, mais une baleine a fort peu de points vulnérables. Elles furent tellement effrayées qu'elles se sauvèrent à une vitesse d'au moins 20 nœuds.

Ce fut le matin du 10 septembre que je découvris l'Amérique et l'île de Nantucket; la première terre aperçue depuis la côte africaine, quatre-vingt-douze jours auparavant. Contrairement à ce que tout le monde pourrait croire, je me sentis un peu triste. Je comprenais que cela annonçait la fin de ma croisière, que tous les jours heureux que j'avais vécus sur l'océan seraient bientôt terminés et que je serais obligé de rester à terre pendant quelques mois. Je n'allais plus être seul maître à bord de mon petit navire, mais parmi les humains, prisonnier de la civilisation.

Le jour suivant, je passai à travers une flotte d'innombrables petits canots de pêche à moteur. Je remarquai aussi quelques rapides chasseurs guettant les contrebandiers d'alcool. Mercredi 12 septembre, j'eus le plaisir de rencontrer une partie de la flotte des

Etats-Unis faisant de grandes manœuvres au large de Newport. C'était un spectacle merveilleux et j'admirai beaucoup les rapides destroyers se déplaçant en ligne à une vitesse de plus de 30 nœuds.

J'avais décidé de m'approcher de New-York par le détroit de Long-Island, car je ne voulais pas passer à travers la rivière d'Est. Pour la première fois depuis trois semaines, je trouvai une forte brise près des îles Block, le 12 septembre, et, le soir, j'étais entré dans le détroit, quittant l'océan avec regret.

Il y avait de nombreux vapeurs maintenant. Les bateaux de passagers avec leur pont très élevé étincelant de lumières passaient toute la nuit. Pour un solitaire voyageur, ces vapeurs possèdent une grande fascination.

Il était impossible pour moi, maintenant, de quitter la barre comme au large; j'étais trop près de terre et je devais suivre le chenal entre les bouées pour ne pas échouer le *Firecrest*.

Tout près du but, j'avais maintenant peur de ne pas réussir.

Pendant deux jours, je fis voile le long de l'île Longue, admirant les magnifiques maisons de campagne et leurs pelouses vertes.

Le détroit se rétrécissait : j'étais maintenant à l'embouchure d'East River. A 2 heures, le matin du 15 septembre, je jetai l'ancre devant le fort Totten; je n'avais pas quitté la barre ni dormi depuis soixante-douze heures. La croisière du *Firecrest* était terminée : cent un jours auparavant j'avais quitté le port de Gibraltar.

J'avais accompli ce que je voulais accomplir.

CHAPITRE XIV

Premiers jours à terre. — L'esprit d'aventure.

'AVAIS jeté l'ancre devant un fort américain. Au petit jour, des soldats m'aidèrent à amarrer le *Firecrest* le long d'une jetée. Presque aussitôt un grand nombre de curieux, de photographes et de reporters montèrent à bord. Tous furent très surpris d'apprendre que je venais de France. Le vapeur grec que j'avais rencontré

en mer avait bien signalé mon arrivée;
mais on avait cru à une farce d'un bateau de pêche français égaré sur les
bancs. Quelques-uns aussi me soup-
çonnèrent de me livrer à la contrebande
de l'alcool. Moi qui n'avais pas parlé
depuis trois mois, je dus répondre pendant toute une journée aux intermi-
nables questions des journalistes. Je
dus aussi me prêter aux fantaisies des
photographes, et il me fallut même,
alors que je n'avais pas dormi depuis
trois jours, monter plusieurs fois au haut
du mât pour satisfaire aux exigences
des opérateurs cinématographistes.

Je n'étais plus chez moi à bord, et
mon domaine était constamment en-
vahi par une foule de visiteurs. Je dus
de nouveau me soumettre aux tyran-
nies de la vie civilisée. Entre autres
choses, je me souviens qu'il me fut très

pénible de me remettre à porter des souliers.

Je passai après mon arrivée par une grande période de dépression. Le succès me laissait complètement indifférent. J'avais vécu trop longtemps dans un monde d'idéal et de rêve et toutes les exigences de la vie quotidienne dans une grande ville me blessaient profondément. Je pensais sans cesse à mes jours heureux sur l'océan : à peine arrivé, je ne songeais plus qu'à repartir.

Et pourtant que de souvenirs charmants je conserve de mon séjour à New-York. Je ne trouve pas de mots pour dire ce que je dois au capitaine et Mme Snidow, une Française venue la première à bord, qui s'ingénièrent à me rendre le séjour de Fort Tottem le plus agréable possible.

Les yachtmen américains me traitèrent comme un frère. Bill Nutting, héros d'une fameuse traversée transatlantique, devint un de mes meilleurs amis.

Je garderai toujours un souvenir ému d'une conférence que je fis à l'Académie militaire de West-Point, quand deux Cadets s'approchèrent de moi et me dirent qu'ils avaient l'intention de quitter leur carrière militaire pour parcourir le monde à deux sur un bateau.

Dès le lendemain de mon arrivée, les journaux de New-York s'étaient emparés de mon aventure. Il m'était pénible de voir tous les incidents de mon voyage déformés par les reporters. Chaque journal voulait avoir la primeur d'un événement sensationnel. Je fus ainsi très surpris de lire que j'étais resté évanoui pendant trois jours.

Je devins célèbre du jour au lende-

main et les lettres et télégrammes commencèrent à me parvenir de toutes les
parties du monde en si grand nombre
que plusieurs secrétaires m'auraient été
nécessaires pour répondre.

Nombreuses étaient les lettres d'amis,
amis sincères réellement joyeux de ma
réussite, amis envieux qui auraient
mieux fait de ne pas m'écrire. Plus
nombreuses encore étaient les lettres
d'inconnus, qui savaient que j'allais
repartir et me proposaient de m'accompagner dans un prochain voyage, lettres
d'excentriques cherchant la publicité,
lettres de jeunes gens et d'hommes mûrs
attirés par le mirage de l'aventure.

Très originale cette Californienne de
vingt-deux ans qui m'écrit :

« Je suis apte à faire tout ce qui sort
de l'ordinaire. Au récit de votre traversée, j'ai senti que je devais faire

moi-même quelque chose. Vous savez qu'un homme est supposé avoir plus de courage qu'une femme. Je suis à peine femme, n'ayant que vingt ans, et je viens d'arriver ici à pied de Los Angeles ayant couvert seule la distance de 3.600 kilomètres et traversé un désert. Plus la nuit est sombre, plus j'aime être seule. J'aime entendre hurler les coyotes la nuit quand je suis seule..., je ne sais pas ce que c'est que d'avoir peur. Un jour, j'espère aller en Afrique. Je ne sais pas ce que j'y ferai; mais je ferai tout ce que le monde a peur de faire. »

Elle termine en me disant qu'un emploi de garçon de cabine comblerait ses rêves les plus chers.

Une autre jeune fille américaine a certainement une conception assez fantaisiste de mon existence à bord; car, après m'avoir longuement démontré que je ne pouvais repartir seul, elle me dit être la personne la plus qualifiée pour venir à bord et que n'importe quel emploi de garçon de cabine à secrétaire mondain lui conviendrait.

Très sincère semble être la jeune fille, qui me dit avoir gâché les vingt-cinq premières années de sa vie, regrettant d'être née une fille et pas un garçon. Aussi, me dit-elle, je vais agir dorénavant comme si j'étais un garçon. Etre un marin et faire voile vers les îles du Pacifique a toujours été mon idéal. Evidemment je sais que partir seule avec vous ne semblera pas très comme il faut; mais pourquoi ferions-nous attention aux conventions, si nous faisons ce que nous jugeons être bien. Si vous n'avez aucun sens de l'humour, conclut-elle, vous me jugerez peut-être folle; si vous en avez un vous penserez peut-être de même.

Charmante, la lettre de cette jeune Française qui m'écrit d'un restaurant et se propose pour m'accompagner, cuire mes repas et recoudre mes voiles. Elle m'offre sa photographie et termine par un post-scriptum d'une touchante naïveté.

D'Australie je reçois une lettre écrite par un Français capitaine au long cours, lettre contenant une seule phrase de 5.000 mots, sur 16 pages d'une écriture très serrée avec de nombreuses additions entre les lignes. Un médecin pourrait y découvrir tous les signes de l'aliénation mentale. Je n'ai jamais pu lire cette lettre jusqu'au bout. Ce malheureux dément me dit être persécuté par le consul de France et, après m'avoir conté de nombreux épisodes de sa vie en mer, il me dit qu'il est inadmissible que les îles de la Manche, si proches de la côte française, ne nous appartiennent pas. Il me suggère d'écrire au roi d'Angleterre en lui demandant de restituer ces îles à la France, et m'affirme qu'après mon bel exploit Georges V ne pourrait refuser ma demande. Il me propose aussi une de ses inventions pour augmenter la course et la vélocité des navires, invention qui lui aurait été volée par le consul de France.

Je reçois aussi de nombreux poèmes sur ma traversée, où l'intention est en général très supérieure à l'exécution.

Invraisemblable la lettre qui m'arrive de Genève et dont je dois citer quelques extraits :

« Je suis d'un âge mûr, mais très robuste. J'ai quarante-huit ans, j'ai forte instruction. Je suis minéralogiste, connais toutes les lois de la nature et j'aimerais explorer régions inconnues. Alors comme le journal dit que vous pensez visiter les îles vierges, je serais votre homme. »

Cette lettre est signée :

Un bon Suisse !

Toutes les lettres ne sont pas des lettres de volontaires. Beaucoup d'enfants m'envoient leurs félicitations, et ce sont ces lettres les plus émouvantes, celles que l'on conserve précieusement et qui vous donnent le sentiment d'avoir fait œuvre utile, en élevant l'idéal de la jeunesse.

Un enfant de huit ans me conseille de ne pas aller dans le Pacifique qu'il sait très dangereux, car il a peur que je fasse naufrage.

La plus jolie est la lettre d'un écolier américain qui me dit avoir pensé à

moi en voyant un aéroplane passer au-
dessus de sa fenêtre. Je vais, me con-
fie-t-il, travailler pour gagner beaucoup
d'argent, acheter un bateau et comme
vous parcourir le monde; mais je dois
vous quitter pour apprendre mes leçons.

Un professeur de sciences transcen-
dentales me propose de me prédire tout
ce qui m'arrivera dans mes prochaines
croisières, offre que je ne puis accepter; car en supprimant l'imprévu de
l'aventure elle lui enlèverait son prin-
cipal attrait.

Un sourcier se fait fort, moyennant
la remise du grand prix de l'Académie
des Sports, de m'initier aux secrets de
sa science, qui me permettra dans ma
prochaine croisière de découvrir les
trésors enfouis jadis par les pirates dans
les îles lointaines.

Un inventeur me décrit un moyen de propulsion par une hélice au lieu d'une voile et espère que je l'emploierai.

Toutes ces lettres extraordinaires ne sont cependant que l'exception. La plupart sont des lettres très sérieuses de gens tentés par l'aventure, voulant lâcher leur situation pour courir des risques — lettres de gens appartenant à tous les milieux, de matelots, d'artisans, de collégiens, d'industriels et de désœuvrés. La plupart veulent tout abandonner et ne me demandent rien. Ce sont toutes ces offres qu'il me coûte le plus de refuser.

Un Français lieutenant de vaisseau, commandant un aviso, veut donner sa démission pour s'embarquer et servir sous mes ordres, offre qui me comble de fierté, mais que je ne puis accepter.

Un ancien commandant de la marine impériale russe me demande de le prendre à mon bord comme simple matelot.

D'une concision émouvante est la lettre de ce volontaire qui m'écrit :

« Je suis un vieux loup de mer, natif de Norvège, âgé de cinquante ans, actif comme un jeune garçon. Je peux faire bien deux choses : mener un bateau à voile et faire la cuisine. Pouvez-vous m'employer ? »

Un volontaire que je n'aurais jamais pu accepter est l'ancien marin qui se croit qualifié pour me joindre, car il est un grand malheureux, désespéré de la vie et cela par sa faute. Il désire m'accompagner dans une croisière dangereuse, espérant y rester.

Certes il avait pleine conscience de sa valeur le mécanicien de vingt ans qui m'écrivit :

« Je n'ai peur de rien et possède un rare sang-froid. Vous pourrez disposer de ma vie comme vous l'entendrez. Examinez bien ma proposition car elle en vaut la peine. »

Il y avait aussi le « lycéen retraité » de dix-sept ans, qui donne de lui une longue et complète description :

« Depuis de longues années, je m'étais senti le goût de l'aventure. J'étais jeune encore que je rêvais de voyages et de naufrages. J'ai laissé mes études car je ne me sens aucune disposition pour un métier sédentaire. J'étudie donc seul l'anglais et les mathématiques en attendant l'occasion de satisfaire mes goûts de sauvage. J'adore la mer, les pampas, les aventures avec ce qu'elles ont d'imprévu, de pittoresque. Voulez-vous de moi ? Malheureusement je ne peux vous donner une fortune pour votre entreprise; mais je vous apporterai mon instruction, ma bonne volonté et mon amitié. »

Encore un ancien matelot, ce poly‑glotte remarquable, actuellement garçon de café ignoré dans un restaurant Du‑val et qui connaît la navigation, sait réparer les voiles et affirme parler couramment le français, l'anglais, l'al‑lemand, l'italien, l'espagnol, le nor‑végien, le suédois, le danois et l'amé‑ricain!

Peut-être aurait-il été un excellent compagnon l'ouvrier mouleur qui avoue ne rien connaître aux choses de la mer, mais pratique un peu la course à pied et beaucoup le vélo. Il met à ma dispo‑sition tout ce qu'il possède : deux mille francs et sa santé.

Un autre volontaire avoue posséder, quand il le veut, un talent d'écrivain, qui pourrait m'être utile dans la rédaction de mon livre.

Et bien que ma décision de ne pas accepter de volontaires soit prise, je pense aux grandes choses que j'aurais pu faire avec cet inscrit maritime qui navigue depuis l'âge de quinze ans sur des navires à voile, ne me demande pas de gages et veut me suivre jusqu'à la mort.

Encore un ancien matelot, le volontaire âgé de trente ans qui a traversé douze fois la ligne sur des trois-mâts barques. Après m'avoir fait un tableau impressionnant des dangers du Pacifique, d'un cyclone aux îles Tonga, des mangeurs d'hommes aux Salomon, il me dit vouloir m'accompagner et ne me rendre responsable de rien quoi qu'il arrive.

J'ai beaucoup aimé la lettre très américaine de cet enfant de dix-sept ans qui m'écrit :

« J'aimerais partir avec vous. J'ai été en mer à bord de vapeurs et j'ai travaillé sur une goélette pendant deux mois. Naturellement j'ai des papiers pour le prouver. Je suis âgé de dix-huit ans, mesure 5 pieds dix pouces et pèse 150 livres. Je suis fort, jeune, plein de bonne volonté et ne suis pas effrayé par le travail. Si vous avez besoin d'argent, je pense pouvoir vous en donner, mais naturellement, à mon âge, je ne peux pas encore être très riche. »

Quelle grande valeur dans des pays neufs que ce quartier-maître de la marine, qui navigue à voile depuis l'âge de dix-sept ans, a doublé quatre fois le cap Horn, a fait des traversées de 123 jours, sait faire le point et me dit :

« Prenez-moi avec vous. Je n'ai peur

de rien ; je vous obéirai toujours. Revenus plus tard en France nous pourrions enseigner aux Français à aimer la mer. Si vous le voulez, je suis vôtre corps et âme pour une grande œuvre. »

Un Anglais de vingt-cinq ans, vendeur dans une grande firme d'automobiles, voulait lâcher sa situation pour m'accompagner. Il aurait été, j'en suis sûr, un auxiliaire précieux :

« Quoique j'aie une belle situation, je gâche ma vie quand la mer et l'aventure m'appellent de plus en plus fort chaque jour. Pendant la guerre, j'ai servi dans la marine croisant sur des bateaux à peine plus gros que le vôtre le long de la côte nord de l'Ecosse. J'ai soif d'aventures et de voir les îles où vous allez justement. Pouvez-vous m'emmener aux conditions que vous voudrez. Je suis préparé à tout endurer pour l'amour de l'entreprise. Si j'avais de l'argent, je vous donnerais tout ce que je possède. »

J'ai longuement hésité à désappointer le mousse irlandais de treize ans qui me supplie de l'emmener et me dit :

« Vous me trouverez très utile quand des choses devront être faites fort vite. Je ne voudrais pas de gages. »

La lettre est signée : « Respectivement vôtre ! »

En relisant toutes ces lettres que je garderai toujours, je pense que mon geste ne fut pas vain, quand tant d'hommes forts et énergiques n'attendent qu'un mot de moi pour me suivre et m'obéir. Peut-être rendrais-je, en les emmenant, plus de services à mon pays ; mais alors ma croisière ne serait plus mienne et je n'aurais plus la satisfaction d'être le seul matelot de mon navire. Si je prenais quelqu'un avec moi, ce serait pour avoir un compagnon. J'aimerais qu'il ne me rende que peu de services et je voudrais faire moi-même tout le travail du bord.

En lisant certaines lettres, je reste triste et rêveur, car je devine que leurs auteurs aiment réellement la mer. Je pense à ma tristesse d'être à terre. Je les comprends et les aime comme des frères. Lorsque j'ai refusé la demande de cet ancien matelot, j'ai été fort triste :

« Je regrette la mer, je voudrais parcourir encore ses flots immenses. Je voudrais encore vivre cette vie de matelot avec ses angoisses et ses peines; c'est pourquoi je vous supplie de m'emmener avec vous. Je supporterai à vos côtés sans me plaindre les angoisses des tempêtes, je voudrais être avec vous pour cette vie sans lendemain. Je ne vous demande rien, je n'emporterai rien, je ne veux rien rapporter. Je vous supplie de me prendre à votre service. »

Cette lettre dont je supprime certains passages trop élogieux pour moi est une lettre admirable. Je ne peux la relire sans être ému jusqu'aux larmes. Dans ma bibliothèque de bord elle aura sa place à côté de mes poètes préférés, à côté des ballades de John Masefield et des contes de Bill Adams. C'est une lettre écrite par un vrai marin qui sut décrire simplement son amour de la mer.

L'esprit d'aventure maritime qui avait poussé les Normands nos aïeux à la conquête du monde existe toujours. Je serais heureux si mes prochaines croisières pouvaient faire con-

naître nos belles colonies à tous ces
jeunes et audacieux Français qui pourraient là mieux qu'en France satisfaire
librement à leur amour de l'aventure.

CHAPITRE XV

L'appel de la mer.

 IENTOT une année aura passé depuis mon arrivée à New-York. Dans une petite ville au bord de la mer, je viens de terminer ce livre. Je me promène le long du rivage, les yeux tournés vers le large, et je suis joyeux car je sais que je pourrai bientôt repartir.

Je pense à tous les incidents de ma traversée, à ma vie rude sur mer, à mon

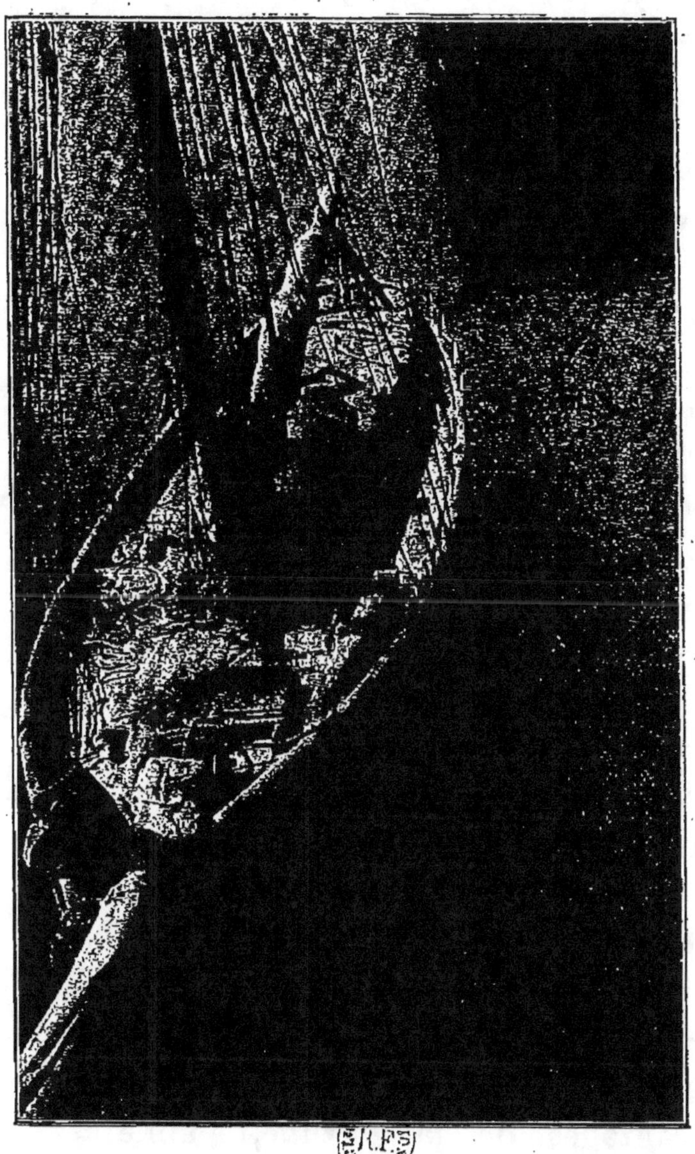

confort actuel, et je me demande ce qui me pousse à reprendre la mer...

La vie était très dure pendant ma traversée. J'eus à supporter d'abord toutes les souffrances de la soif, puis la pluie des ouragans vint torrentielle. Constamment exposée aux intempéries, la peau de mon corps et de mes mains devint si molle qu'il était extrêmement pénible de manœuvrer mon navire. J'avais à peine achevé de réparer mes voiles que la tempête les déchirait à nouveau. Quand les jours de gros temps se suivaient sans accalmie, je ne pouvais ni me reposer, ni réparer les voiles et cordages aussi vite qu'ils cassaient.

Cette lutte perpétuelle de son intelligence et de sa force physique contre la tempête constitue la vie du marin.

Ayant commencé ma vie avec tous les avantages de la fortune, j'aime maintenant cette existence simple du matelot, avec ses souffrances et ses angoisses.

Ceux qui crurent que ma tentative était un exploit sportif destiné à conquérir la célébrité se sont trompés :
Ils ne comprirent rien à ce grand songe,
Qui charma la mer de son voyage,
Puisqu'il n'était pas le même mensonge
Qu'on enseignait dans leur village.

Au milieu de mes amis, joyeux de me revoir, je pourrais jouir en paix d'un succès que je n'ai pas cherché; mais je ne suis pas complètement heureux sur terre, je pense sans cesse à la forte odeur du goudron, à l'âpre brise marine, à mon *Firecrest* qui m'attend là-bas de l'autre côté de la mer océane.

Il y a trois ans, pour la première fois, à bord de mon navire, j'avais pris la mer; maintenant je sais qu'elle m'a pris pour toujours. Quoi qu'il advienne, je retournerai vers elle et je pense au jour heureux, maintenant très proche, où le *Firecrest* et moi nous repartirons ensemble vers le Pacifique et ses îles de beauté, et les vers du poète anglais hantent ma mémoire :

Je dois reprendre la mer,
car l'appel de la marée montante est un appel clair
et c'est un appel sauvage
auquel on ne peut qu'obéir.
Et tout ce que je demande
est un jour de vent
avec les nuages blancs qui volent,
la vague déferlante, l'écume jaillissante et les goélands criards.

LEXIQUE

destiné à ceux qui ne connaissent pas la mer.

Amure.	Manœuvre qui retient le point inférieur d'une voile du côté d'où vient le vent. Faire route tribord ou bâbord amures, c'est recevoir le vent par tribord ou par bâbord.
Atterrissage.	Le fait de se rapprocher de la terre en venant du large.
Bâbord.	Côté gauche du bateau pour un observateur

	regardant d'arrière en avant.
Balancines.	Manœuvres supportant le gui.
Bau.	Employé dans le sens de largeur d'un navire.
Beaupré.	Mât horizontal placé sur l'avant.
Bôme.	Vergue située à la partie inférieure de la grand'-voile.
Bord.	S'emploie presque toujours à la place du mot côté.
Bordure.	Côté inférieur d'une voile.
Cap.	La direction de l'axe du bateau de l'arrière à l'avant.
Cape (être à la)	Situation d'un bâtiment qui par gros temps réduit sa voilure et la

dispose de manière qu'il dérive autant qu'il marche. Le remous qu'il laisse dans son sillage amollit les lames. *Voile de cape :* voile triangulaire réduite employée souvent en place de la grand'voile pour tenir la cape.

Corne. Espars sur lequel est enverguée la partie supérieure de la grand'voile. Voir plan de voilure.

Claires-voies. Châssis mobiles et vitrés recouvrant les ouvertures ménagées sur le pont pour donner du jour et de l'air.

Drisses. Manœuvres servant à

	hisser les vergues, voiles et pavillons.
Ecoute.	Manœuvre courante frappée à l'angle inférieur arrière d'une voile.
Epissure. (faire une)	Joindre ensemble deux bouts de cordage en entrelaçant leurs torons les uns dans les autres.
Espars.	Pièce de bois servant de mât, de vergue, etc.
Etais.	Manœuvres en fil d'acier soutenant les mâts vers l'avant. Voir plan de voilure.
Etrave.	Avant du navire.
Foc.	Voile triangulaire entre le mât et le beaupré. Voir plan de voilure.
Flèche.	Voile triangulaire entre

la corne et la partie supérieure du mât. Voir plan de voilure. La barre de flèche sert à écarter les galhaubans ou haubans partant de la tête du mât.

Fortune carrée. Petite voile carrée employée pour courir vent arrière.

Gui. *Voir Bôme.*

Haubans. Manœuvres dormantes servant à tenir un mât latéralement.

Loch. Instrument traîné dans l'eau servant à enregistrer le nombre de milles parcourus.

Louvoyer. Un bateau à voiles ne pouvant remonter directement dans le vent est obligé de faire des bordées en recevant successivement le vent d'un côté et de l'autre.

Manœuvre. Tout cordage entrant dans le gréement d'un bateau. Les manœuvres courantes servent à orienter les voiles, les manœuvres dormantes servent à la tenue de la mâture.

Paumelle. Gant en cuir dont se servent les voiliers pour pousser l'aiguille.

Sous-barbe. Etais servant à tenir le beaupré.

Tribord. Droite du navire pour un observateur à l'arrière tourné vers l'avant.

APPENDICE

à l'usage de ceux qui connaissent la mer.

Ce chapitre un peu technique, qui s'adresse surtout aux yachtsmen, traite des enseignements de ma traversée et des modifications que je compte faire subir au *Firecrest* avant ma prochaine croisière.

Ayant avec lui bravé de nombreuses tempêtes, ayant réalisé cette traversée que j'avais longtemps rêvée, j'ai naturellement pour mon vaillant navire la plus grande admiration. Cependant je ne suis pas dogmatique et je ne prétends pas que *Firecrest* était parfait. — En fait, il n'existe pas de yacht parfait.

— Chaque type, chaque forme de coque, chaque gréement présente des avantages et des inconvénients. Le bon marin est celui qui connaît les qualités et les défauts de son navire, ses réactions dans la tempête, et qui sait quel effort limite il peut lui demander. Il est souvent de bons navires, il n'est pas toujours de bons marins, et on pourrait citer les vers de Kipling :

Le jeu est plus que le joueur,
Le navire est plus que l'équipage.

Comme on peut le voir d'après ses lignes, *Firecrest* est un navire assez étroit pour sa longueur, et d'un tirant d'eau relativement considérable. Ayant en outre une forte quille en plomb, il est pratiquement inchavirable, mais l'effort supporté par le mât est certainement plus grand que sur un bateau large et peu profond.

Il tient très bien la cape et avance au plus près, même dans de fortes mers. Par contre, vent arrière, il est certainement plus délicat à manœuvrer qu'un bateau à arrière très large.

Mes principaux ennuis pendant ma traversée furent les suivants :

Les voiles étaient trop vieilles, le rouleau en bronze pour le gui beaucoup trop faible, le beaupré trop long. La sous-barbe cassait constamment. L'eau se conservait très mal dans les barils en chêne. La grand'voile était assez difficile à amener et à hisser pendant une tempête par suite de l'encombrement du gui et de la corne.

Après avoir longuement étudié ces inconvénients, j'apporte à mon navire quelques modifications.

D'abord il me sera possible de me procurer des voiles neuves. Je conserverai un rouleau pour le gui, qui sera non plus en bronze mais en fer galvanisé et du modèle des bateaux pilotes du canal de Bristol. Le *Firecrest* ne sera plus gréé en cotre franc mais en bermudien, ce qui me permettra de réduire la longueur de mon beaupré de quatre-vingt-dix centimètres. Le beaupré sera fixe ainsi que la sous-barbe qui sera une barre de fer forgé et ne transmettra pas ainsi à la partie supérieure du mât des efforts de flexion.

Le gui sera creux, d'un diamètre de quinze centimètres, construit par Mac Gruer et formé de cinq épaisseurs de bois cimentées ensemble.

Une des difficultés de ma traversée avait été pour moi, quand je voulais hisser la grand'voile par gros temps, de faire passer la corne entre les balancines. Le poids de la corne rendait souvent aussi très difficile la manœuvre d'amener la grand'voile.

Si je voulais utiliser la voile de cape, il me fallait amener le gui sur le pont, ce qui est une manœuvre très difficile et dangereuse, même avec un bon équipage. Le poids réduit du gui creux facilitera beaucoup la manœuvre d'amener la voile, et me permettra de ne plus utiliser de voile de cape. Le gréement bermudien supprime d'ailleurs tous les inconvénients de la corne. Un chemin de fer le long du gui me permettra de rentrer complètement et très vite la grand'voile, et d'avoir ainsi deux voilures l'une de petit temps et l'autre de gros temps qui remplacera la voile de cape.

Le mât de flèche sera creux — et

14.

j'utiliserai des cercles de mât jusqu'aux jottereaux. La grande simplicité du gréement bermudien m'a beaucoup séduit. L'idéal serait d'avoir seulement deux voiles, grand'voile et foc, et pas de beaupré. Cependant je conserverai un foc et une trinquette et deux étais.

L'eau ne sera plus renfermée dans des barils en chêne mais dans des réservoirs en fer galvanisé. Dans ma prochaine grande traversée, je n'emporterai pas de viande sauf du lard fumé ou bacon. Pas de conserves en boîtes sauf du lait, du riz, des pommes de terre, du beurre salé, des confitures et du biscuit. Le nouveau réchaud à pétrole sous pression que j'emploierai est entièrement démontable et m'évitera les ennuis de ma première traversée.

J'emporte cette fois en outre une arbalète à poissons, des armes à feu, un petit cinéma et deux kilomètres de films contenus par rouleau de vingt-cinq mètres dans quatre-vingts boîtes en zinc, un appareil à pellicules entièrement métallique.

Une autre question un peu technique que je n'ai pu traiter au cours de mon récit est celle de la navigation. Je me servirai encore d'un sextant à micromètre sans vernier du type utilisé par l'amirauté britannique à bord de ses torpilleurs. Ce sextant ne donne que la demi-minute qui est une approximation inférieure à l'erreur d'observation due à la faible hauteur de l'œil au-dessus de l'horizon. J'utilise les tables du lieutenant Johnson, R. N., qui permettent avec une approximation suffisante des calculs très rapides. J'emploie aussi les nouvelles méthodes de navigation de la Summers Line.

Je n'emporte pas de chronomètres proprement dits, mais deux montres de torpilleurs du type en usage dans la marine.

Un autre des inconvénients du *Firecrest* est sa taille. Je l'aime tellement que je le conserverai toujours, mais si je devais me faire construire un navire pour une traversée semblable, je le ferais faire beaucoup plus petit. Bien construit, il pourrait très bien tenir la mer, et éviterait au navigateur solitaire une grande fatigue physique.

J'ai dessiné dernièrement les lignes générales d'un tel yacht, qui correspond à peu près à mon idéal de ce que doit être une embarcation de cinq tonneaux pouvant être facilement manœuvrée par un ou deux hommes.

D'une longueur de huit mètres cinquante de bout en bout et d'une lar-

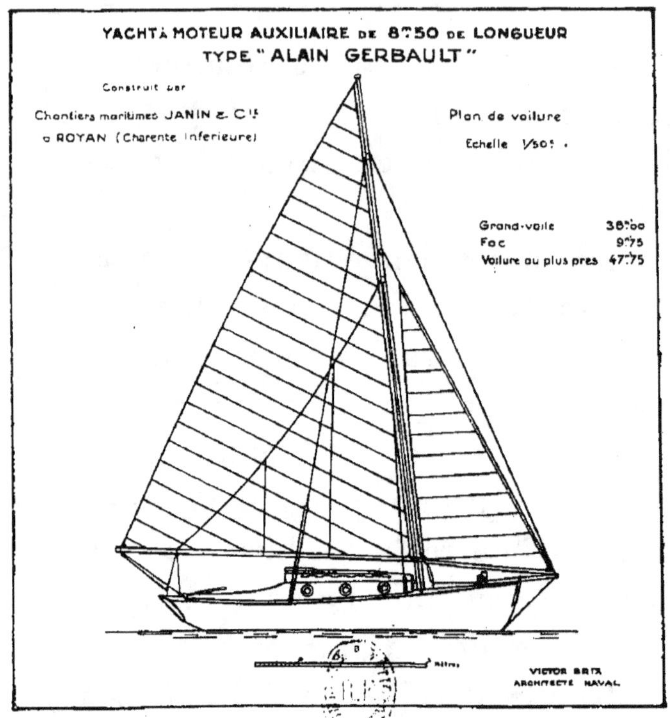

PLAN DU YACHT
à moteur

Type " ALAIN GERBAULT "

Construit par
Les Chantiers Maritimes Janin et Cie
à Royan

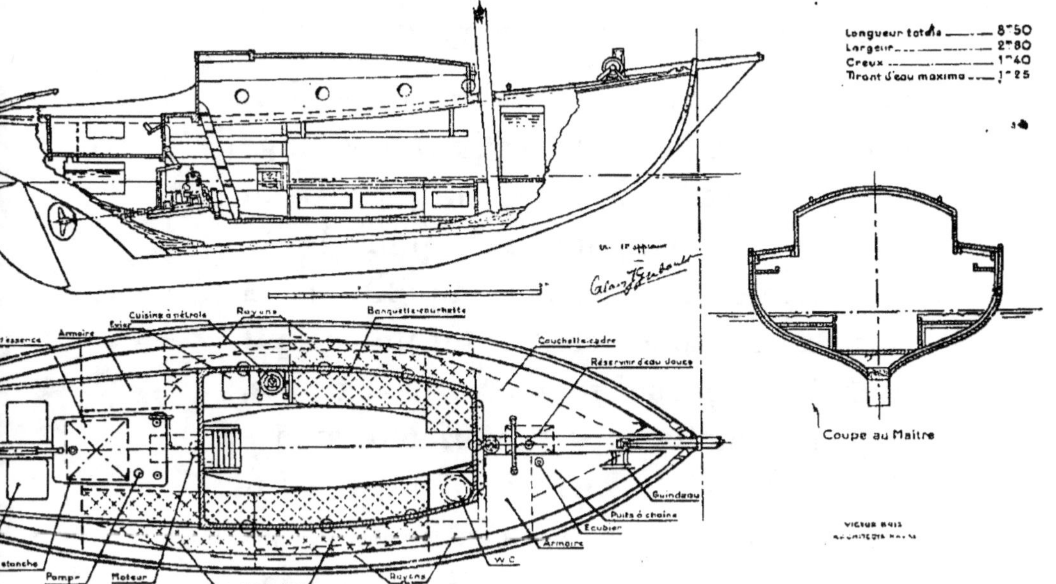

YACHT à MOTEUR AUXILIAIRE de 8m50 de Longueur TYPE 'ALAIN GERBAULT'
CONSTRUIT PAR
CHANTIERS MARITIMES JANIN & Cie ROYAN (Charente Inférieure)
Échelle 1/20e
XIII
Longueur totale ____ 8m50
Largeur __________ 2m80
Creux ___________ 1m40
Tirant d'eau maxima __ 1m25
Coupe au Maître
Puits à essence
Armoire
Évier
Cuisine à pétrole
Rayons
Banquette-couchette
Couchette-cadre
Réservoir d'eau douce
Guindeau
Puits à chaîne
Écubier
Armoire
W C
Rayons
Banquettes-Couchettes
Moteur
Pompe
étanche
VICTOR BRIX
ARCHITECTE NAVAL

geur de deux mètres quatre-vingts, il a, comme les anciens bateaux des Vikings et les bateaux plus récents de Colin Archer, une forte portion de quille droite qui donne une grande stabilité à la mer. Entièrement ponté sauf un cockpit étanche et un roof solide sans claire-voie, il peut tenir la cape sans rien craindre des paquets de mer. Le constructeur Janin à qui j'avais montré mon projet fut si enthousiaste de l'idée qu'il décida de la réaliser et de construire ce type de yacht en grande série. Ce bateau répond à un besoin en France, il permet de naviguer sans équipage professionnel. Il présente un grand logement pour sa taille ($1^m,80$ pour le roof). Trois amateurs pourraient y habiter confortablement sans avoir l'ennui de rentrer le soir pour trouver un hôtel.

Ils pourraient par exemple avec des

risques minimes croiser l'été dans la
Manche sur les côtes anglaise et française, remonter la Seine jusqu'à Paris
et s'amarrer près du pont de la Con-
corde, puis descendre jusqu'à Marseille
et faire une croisière en Sicile.

Il m'est agréable de penser que, si
un malheur arrive au *Firecrest*, je pourrai avoir dans un délai rapide un navire
pour continuer mon voyage et je serais
en même temps très heureux si le pro-
ducteur de ce monotype pouvait dé-
velopper en France le goût de la croisière et de l'aventure maritime.

TABLE DES HORS-TEXTE

TABLE DES MATIÈRES

ACHEVÉ D'IMPRIMER

le vingt octobre mil neuf cent vingt-quatre

PAR

E. ARRAULT ET Cie

A TOURS

pour

BERNARD GRASSET

5651